"最美中国"丛书(第二版)

最美的友谊

刘筱荣 著

合肥工業大學出版社

图书在版编目(CIP)数据

最美的友谊/刘筱荣著 .—2 版 .—合肥: 合肥工业大学出版社, 2017.12(2019.3重印)

(最美中国丛书)

ISBN 978-7-5650-3767-2

Ⅰ.①最… Ⅱ.①刘… Ⅲ.①名人—生平事迹—中国 Ⅳ.①K82

中国版本图书馆 CIP 数据核字(2017)第 325278 号

最美的友谊

刘筱荣 著　　责任编辑 朱移山 张 慧

出 版	合肥工业大学出版社	版 次	2013 年 4 月第 1 版 2017 年 12 月第 2 版
地 址	合肥市屯溪路 193 号	印 次	2019 年 3 月第 4 次印刷
邮 编	230009	开 本	710 毫米×1000 毫米 1/16
电 话	总 编 室:0551-62903038 市场营销部:0551-62903198	印 张	12.75　字 数 196 千字
网 址	www. hfutpress. com. cn	印 刷	河北锐文印刷有限公司
E-mail	hfutpress@163. com	发 行	全国新华书店

ISBN 978-7-5650-3767-2　　定价: 38.00 元

序

赵 焰

一直以为，中国传统文化的精髓，从时间上说，是在明朝之前的。明朝之前，占据社会主流的，是清明理性的孔孟之道。崇尚自然、游离社会的道学，作为主流思想的补充，与儒学一起“相辅相成”、“一阴一阳”，使得社会主流思想具有强大活力。从总体上来说，中国文化的源头，无论是周公、老子、孔子，还是后来的诸子百家，比如说孟子、荀子、庄子、韩非子、墨子等等，都对人生保持清醒、冷静的理性态度，保持孔子学说实践理性的基本精神，即对待人生、社会的积极进取精神；服从理性的清醒态度；重实用轻思辨、重人事轻鬼神的思维模式；善于协调，讲究秩序，在人伦日用中保持满足和平衡的生活习惯……中国文化的源头如此，决定了汉民族的心理结构和精神走向，包括汉民族理想追求、文化风格以及审美倾向。

中国文化在明朝之前，占据社会主流的，是高蹈的士大夫精神。最显著的表现在于：人们遵从天地人伦之间的道德，有高远的理想，讲究人格的修炼，反对人生世俗化，鄙视犬儒的人格特征。从春秋时代起，中国知识分子一直以“修身齐家治国平天下”为人生使命，以追求道德、知识和审美为人生归宿。比如说孔子，从他的言语来看，更像是倡导一种人生价值观，追求人生的美学意义。又比如说庄子，他的学说，不像是哲学，更像是一种生活美学：道是无情却有情，看似说了很多超脱、冷酷的话，实际上透露出对于生命、本真的眷恋和爱护，要求对整体人生采取审美观照态度，不计功利是非，忘乎物我、主客、人己，以达到安详和宁静，让自我与整个宇宙合为一体。这种贯穿着士大夫精神的人生价值观，让人忘怀得失摆脱利害，超越种种庸俗无聊的现实计较和生活束缚，或高举远蹈，或怡然自适，或回归自然，在前进和后退中获得生活的力量和生命的意趣。这就是中国历代士大夫知识分子一以贯之的艺术清洁精神。英国大哲学家罗素曾经说："在艺术上，他们（中国人）追求精美，在生活上，他们追求情理。"这是说到关键了。

中国人的生活哲学就是如此，一方面高旷而幽远，另一方面也连着"地气"，是自发的浪漫主义和自发的经典主义的结合。道家是中国人思想的浪漫派，儒家是思想的经典派。当东汉年间佛教传入之后，这种以出世和解脱为目的的宗教体系遭到了儒学和道教的抵抗，从而消解了印度佛教中很多寡凉的成分。经过"中庸之道"的过滤，其中极端的成分得到了淡化，避免了理论或实践上的过火行为。也因此，一种中国特色的佛教观产生了，佛教在中国更多变身为"生活禅"，变成一种热爱生活创造人生的方式。中国人一方面避免了极端的"出世"之路；另一方面，由于心灵的滋养、美智的开发，使得东汉魏晋，包括后来的南北朝、隋唐、五代十国以及唐宋元产生了很多高妙的艺术，"艺术人生"的观念也随之如植物一样葳蕤生长。可以说，这些朝代，是中国最具审美价值、最开人们心智、也最出艺术珍品的年代。也因此，很多艺术种类都在这个阶段达到了高峰，比如说唐诗、宋词、元曲、书法、绘画、音乐、舞蹈等等，它们洋溢着一种高蹈的精神追求，境界高远，洁净空旷，如清风明月，如古松苍翠。从审美上看，由于存有或明或暗的观照，存有人格与事物的交融，主题得到了提升，感悟与生命同在，境界与天地相齐，一种深远的"禅意"油然而生……从总体境界上来看，这一阶段的各类艺术形式，因为主题和境界的破对立、空物我、泯主客、齐生死、反认知、重感悟、亲自然、寻超脱等等，达到了各自的高峰。它们是最能代表中国文化精髓的。

中国的艺术到了明清之后，有低矮化的倾向。当时，由于社会形态的变化，专制制度进一步严酷；加上统治者出身和教育的局限，以及愚民政策的目的，整体文化和审美呈低俗化的倾向，社会和人生的自由度越来越窄，艺术的想象空间越来越逼仄，艺术作品的精神高度下降。随着"程朱理学"和科举制度的推行，人们的想象力、创造力被扼制，审美弱化，艺术更趋"侏儒化"、"弱智化"。大众普罗的喜好抬头，刚正不阿的风骨软化，崇尚自由、自然、提升的审美精神也在丧失。不过尽管如此，在明清时代的中晚期，那种崇尚自然、物我两忘的高贵精神仍时有抬头，一批有着真正艺术精神的独立艺术作品或有出现。尽管如此，士大夫精神已不是艺术美和生活美的主旋律，它只是一种空谷幽兰的生命绝响。

近现代之后，由于社会动荡，战乱连连，再加上西方现代化所导致的实用主义、功利主义的渗入，中国的文学艺术遭到了进一步摧残，传统的艺术精神更进一步沉沦。艺术的政治化倾向、实用主义倾向和世俗主义倾向抬头，这直接导致了真正的艺术精神缺失、艺术的品位下降，高蹈精神向世俗俯首，自然和自由变身为功利和实用，士大夫精神更是变身为犬儒主义。中国近现代上百年的屈辱和战乱，更使得中国自古以来高洁的审美观变得扭曲和肤浅：黄钟大吕变成田野俚语，布衣青衫变成了披红挂绿，古琴琵琶变成了锣鼓鞭炮，洁身自好变成了争相取宠，安详宁静变成喧哗骚动，幽默风趣变成庸俗不堪……如果说是与非、美与丑是人类最基本标准的话，那么，很长一段时间里，这种基本标准都在丧失，很多人已分辨不了是与非，也分辨不了美与丑。“文革”时期八个脸谱化的样板戏在左右着中国人的全部精神生活，这样的现象，又何尝不令人扼腕叹息！

如果说中国当代教育存在着诸多问题的话，那么，以我的理解，当代教育最大的问题，甚至不是传统丢失、精神扭曲以及弱智低能，而是在美育上的缺失。很多年来，人们丧失了一些最基本的判断，不知道什么是美的，什么是丑的；很多人将美当成丑，将丑当成美，从而失去了美的方向性。这一点，只要观察我们周围的人们，就可以得出结论——在我们的周围，到处都是对于生活没有感觉、对于美丑没有鉴别的人。他们所拥有的，只是功利，只是物质，只是金钱，只是对美丑的弱智的鉴别和判断。这些人不仅仅是一些未受过良好教育的人，甚至一些貌似受过良好教育的人也是这样——他们虽然拥有很高的学历，有很好的教育背景，但在美丑的辨别力，以及对于艺术、心灵的觉察力、感悟力和理解力上，同样表现得能力低下、缺乏常识。这样的现象，实际上是我们多年以来的教育缺乏美育、缺乏精神导向的结果。一个人的审美，是与道德和智慧联系在一起的，审美的缺失，实际上也是道德和智慧的缺失。一个对美缺乏判断力的人，很容易在人生中缺乏动力和方向，也很容易被民族主义、法西斯主义、极端主义、工业主义所奴役，成为过度现代化的牺牲品。在很多时候，这种人不可能是一个丰富的生命，只是一架精神匮乏的机器。

现在，这一套由合肥工业大学出版社精心组织的“最美中国丛书”，似乎在某种程度上，弥补了一些“寻根”和美育上的缺失。这一套书通过对古代思想、伦理道德、文学艺术、风景民俗等的重新梳理，重新发现中国特有的美，倾情向世人推介这种美，以期真正的美得到传承。这套书知识精准，图文并茂，力求童趣与大美的融合、悦目和感人的统一。对于正在成长的青少年来说，这一套书，应是一个不错的选择，最起码它可以让人们知道，什么是中国的最美，什么是中国真正的美。

上个世纪初，著名教育家蔡元培先生曾经提出过著名的“五育并举”教育方针，“五育”为：军国民教育、实利主义教育、公民道德教育、世界观教育、美感教育。其中，美感教育尤其有特色，蔡先生还以“以美育代宗教”的口号闻名于世。在蔡元培看来，美育是宗教的初级阶段，对于没有宗教传统的中国人来说，美育教育是一种基础，并且相对于宗教，美育更安全，更普及，也更为人接受。美育可以培育出道德是非的基础，培育出向上的力量。虽然蔡元培的这一观点引起过一番争论，但对于一个人来说，有美的熏陶，有对于美丑的正确判断，怎么都不能说是一件坏事。并且，美与是非，与善恶，与道德，与人类的心灵，与这个世界的根本，是联系在一起的。以对美的判断和感知为出发点，了解中国历史，了解中国文化，了解中国人曾经的艺术生活，了解一个民族的内心世界；从而进一步了解世界，了解世界的规律，与身边的一切做到和谐相处，都是大有好处的。

也许，这套书的意义就在于此。

【目录】

最美中国

（因本书部分图片未向创作者申请授权，祈盼宽谅；恳请有关作者见书后与我社联系，以便奉寄稿酬及样书）

高山流水

我国的千古绝唱《高山流水》曲，不但早已传遍全球，成为全人类的心声，而且被美国的旅行者1号探测器载入太空，高奏于茫茫无际的宇宙间，广游星际再觅知音。海内外的中华儿女，无不为此而自豪。

《高山流水》曲的文字记载，最早见于《列子·汤问》：“（俞）伯牙鼓琴，志在登高山，钟子期曰：‘善哉，峨峨兮若泰山！’志在流水，钟子期曰：‘善哉，洋洋兮若江河！’”

这条记载过于简短，既没注明俞钟二人的身世，也没交代鼓琴与赏曲的地点。填补这个缺憾的，是明朝的文学泰斗冯梦龙。他编辑的话本《警世通言》中，有篇题为《俞伯牙摔琴谢知音》，开篇就作交代：“话说春秋战国时，有一名公，姓俞名瑞，字伯牙，楚国郢都人氏，即今湖广荆州府之地也。那俞伯牙身虽楚人，官星却落于晋国，仕至上大夫之位。”而钟子期的身世，是在钟子期“答琴师问”中依次展现的：“小子姓钟，名徽，贱字子期”，“打柴为生”，“离此不远，地名马鞍山集贤村，便是荒居”。

人物、时间、地点都清楚了，让我们再大致想象和勾勒一下当时的情景：

2700余年前，晋国上大夫俞伯牙，在出使楚国的归途中，一天傍晚，船至马鞍山江段，突遇阵雨，泊于马鞍山南麓凤头渡避雨。俄顷雨停，明月当空，星天如洗。但见，夹湖群山朦胧静立，映月秋水缥缈闪忽，细浪拍岸，泊舟微荡，景物如幻，恍若仙境。俞伯牙顿生雅兴，月下鼓琴，巧逢樵夫钟子期，始而一弹琴，一赏曲，继而你谈乐，我论技，双方乐理炉火纯青，技艺旗鼓相当，于是相见恨晚，彼此结为知音。依依惜别之时，两人执手约定：明年八月十五，复于此处相聚。

次年，俞伯牙复扬风帆，按时赴约。船至凤头渡，不见知音人。登岸探访，恰遇钟子期之父，惊闻噩耗：钟子期已死百日，死前哀告其父，葬于凤头渡，以坟静候知音人。俞伯牙只觉五雷轰顶，悲痛欲绝，跌跌撞撞来到坟前，奏哀乐，吟祭词，痛哭知音人：

忆昔去年春，江边曾会君，
今日重来访，不见知音人。
但见一抔土，惨然伤我心，
伤心伤心复伤心，不忍泪珠纷！
来欢去何苦，江畔起愁云。
子期子期兮，你我千金义，
历尽天涯无足语，此曲终兮不复弹，
三尺瑶琴为君死。

俞伯牙哭罢，心犹滴血，猛然举起瑶琴，毅然摔向石碑，随即吟诗一首谢知音：

摔碎瑶琴凤尾寒，子期不在对谁弹？
春风满面皆朋友，欲觅知音难上难。

自此以后，俞伯牙终身罢弹，随后辞去上大夫，定居集贤村，相伴子期坟，赡养好友父，直至钟父老死。

这就是千古传诵的“高山流水遇知音”的故事，它定格了中国古人关于友谊的最高理想。人生在世，总要在精神领域有所追求、有所寄托，这不仅是一个自我修为的过程，也是一个寻觅知音的过程。何谓知音，就是彼此在内心深处产生共鸣，照亮彼此的生命。高山流水所描述的友情，像风一样来无影，又像雨一样润人心；像闪电一样震颤，又像雷鸣一样决绝；像夏日一样骄傲，又像冬雪一样圣洁。它就是堪与大自然奇观相比拟的人类奇观。

它简直像爱情。

所以两千多年后，当代诗人郭沫若在他的诗集《女神·序诗》中大声疾呼：

你去，去寻那与你的振动数相同的人；
你去，去寻那与你的燃烧点相等的人。

羊左之交

似乎感天动地的友谊都发生在雨夜，接下来要说的是“羊左之交”的故事，也有一个雨夜的背景。

春秋时，楚元王招纳贤士。西羌积石山有一读书人，叫左伯桃，自幼父母双亡，独自谋生。他听说楚元王招纳贤士，于是，他带了一囊书，辞别了乡邻亲友，直奔楚国而来。

走到雍州时，天已隆冬，雨雪交加。左伯桃冒着雨雪，迎风走了一天，衣服都湿透了，看看天色已晚，想找一个住处。但见远处竹林中，隐隐约约露出灯光。到了跟前，只见矮矮的篱笆，围着一间草屋。于是推开篱笆门，轻轻地敲响屋门。里面的人应声而出。左伯桃急忙上前施礼道：“我本是西羌人，姓左，名伯桃。想去楚国，不料中途遇上雨雪，想向您求宿一夜，不知您能否行个方便？”那人听了，急忙还礼，请伯桃进到屋内。伯桃入内一看，屋里只有一张床。床上堆着一些书本，除此之外再无长物。伯桃明白这也是一个读书人，顿感亲切。那人生起竹火堆，让伯桃烘衣，又准备酒饭，款待伯桃，十分殷勤。伯桃请问姓名，那人道：“我姓羊，双名角哀，自幼父母双亡，独自在此居住。平时酷爱读书，以致田地荒废。今天有幸遇到有学问的人来，只恨家贫没有什么好东西招待，还请多多包涵。”伯桃说：“阴雨之中，得蒙收留，还有酒食相待，感激之情如何能忘。”

当夜两人抵足而眠，共同探讨胸中的学问，直达天明，但见外面还是大雨不止，角哀于是留伯桃住在家里，倾其所有招待，两人结为异姓兄弟。伯桃比角哀大五岁，因此角哀称伯桃为兄长。

一住三天，雨停道干。伯桃说：“贤弟满腹经纶，有王佐之才，却甘隐山林清泉之间，真是太可惜了。”角哀说：“倒也不是甘守田园，只不过是没什么机会而已。”伯桃说：“现在楚王虚心求贤，贤弟何不

同行?”角哀说：“愿遵兄长之命。”随即准备了些路费粮米，抛弃了茅屋，二人一同向南方走去。

走了不到两天，又遇上连阴雨，被困于旅店中，盘缠用尽，只剩下一包干粮，二人轮流背着，冒雨前行。雨尚未停，又刮起大风，变成漫天大雪，遮天盖地，令人难分南北西东。二人走过岐阳，途经梁山路，向樵夫们问路，都说：“前面百里无人烟，都是深山旷野，虎狼成群，不能再走了。”伯桃对角哀说：“贤弟意下如何?”角哀说：“古人云，生死由命。既然到了这儿，只能前行，绝不后悔。”

又走了一天，二人夜晚住在古墓中，衣服单薄，寒风刺骨。第二天，雪更大了，山路积雪一尺多厚。伯桃冻得受不了，说：“我想此去一百多里，荒无人烟，粮食接济不上，缺衣少食。若一人独去，可以到达楚国；二人都去，就是不被冻死，也必定饿死在途中。我把身上衣服脱给贤弟穿了，贤弟带着干粮，挣扎着快走，我确实走不动了，宁愿死在这里。等贤弟见了楚王，必将受到重用，那时再来埋葬我也不晚。”角哀说什么也不答应，勉力扶着伯桃前行。

走了不到十里，路边有一棵枯桑，还可遮挡风雪。那棵桑下只容得了一人，角哀于是扶伯桃进去坐下。伯桃让角哀敲石取火，烧些枯枝抵御寒气。等角哀找回柴火，只见伯桃脱了所有的外衣放在一边。角哀大吃一惊：“兄长你干什么?”伯桃说：“我想不出什么办法，贤弟别耽误了。赶紧穿上这衣服，背上干粮快走，我甘愿死在这里。”角哀上前抱住伯桃放声大哭，说：“我二人同生共死，怎么能分离呢?”伯桃说：“如果都饿死了，谁来埋葬我呢?”角哀说：“既然这样，我情愿解下衣服给兄长穿上，兄长可带上干粮走，我宁可死在这里。”伯桃说：“我平生多病，贤弟年轻体壮，比我强得多，加上胸中学问，我更赶不上。贤弟不要耽误了，快走!”角哀说：“兄长饿死在这儿，我独自去取功名，这种不义之人，我不会做的。”伯桃说：“我从积石山来到贤弟家中，一见如故。知道贤弟胸怀大志，所以劝你求取上进。不幸被风雪所阻，这是我命该如此，如果让贤弟死在这里，那就是我的罪过了。”说完，就想跳入前面的山溪寻死。角哀一把抱住放声痛哭，用衣服拥住伯桃，再扶到桑树下。伯桃把衣服推开。角哀想再上前劝解时，只见伯桃神色已变，四肢僵硬，口不能言，勉强摆手示意角哀快走。角哀再次用衣服拥住，而伯桃已经奄奄一息，眼看就不行了。

角哀心想："再过一会，我也冻死了，死了谁来埋葬兄长?"于是在雪中哭拜道："不肖弟此去，还望兄冥中相助，稍得微名，必来厚葬。"伯桃微微点头，转瞬气绝。角哀只得取了衣服干粮，一步一回头地向前走，边哭边走。

角哀忍着饥寒，来到楚国，在城外休息了一天。第二天进城，赶到招贤的宾馆后，正遇上上大夫裴仲。裴仲见角哀虽然衣衫褴褛，但却器宇不凡，便用心中的疑难问题盘问角哀，试他的学问。角哀有问必答，裴仲大喜过望，入朝禀报楚元王。楚元王立即召见，问角哀富国强兵的办法。角哀献了十条计策，都是当务之急。楚元王十分高兴，设宴款待，并封角哀为中大夫。角哀拜谢，痛哭流涕。元王大吃一惊："你为什么哭呀?"角哀把伯桃脱衣让粮之事，一一说明。元王和众大臣听了深受感动。元王问："你打算怎么办?"角哀道："臣请大王准假，到那里安葬完伯桃，再来听命于大王。"元王于是追授已死的伯桃中大夫之职，并厚赠丧葬费，派人跟随角哀车马同去。

角哀告别了元王，直奔梁山地界。找到那棵枯桑后，只见伯桃尸身尚在，面貌还和生前一样。角哀跪倒在地，痛哭不止，叫随从召集附近乡间父老，选了一个诸峰环抱、风水甚好的地方，将伯桃安葬。墓四面建起围墙，栽上松树，离坟数十米处建了祠堂，塑起伯桃塑像，立起华表柱，上挂牌匾。墙侧盖了瓦房，雇人看守。造完后，就在祠堂祭奠伯桃，角哀哭得十分凄切，引得乡人和随从也悲伤不已。

但故事到此还没有完结。由于伯桃的陵墓临近荆轲墓，夜夜受其侵扰，于是托梦告知角哀。有感于左伯桃的势单力孤，又想到"脱衣共粮"的真情往事，羊角哀决定自刎而死，葬于左伯桃的墓旁，并帮助他解除荆轲阴魂的袭扰。

随从回到楚国上奏元王，元王被二人的义气所感动，派人在墓前建庙，赐庙名"忠义之祠"，并立碑记载这件事。古人有诗赞曰："古来仁义包天地，只在人心方寸间。二士庙前秋日净，英魂常伴月光寒。"

这就是人们所称道的"羊左之交"。于是，后世将最深厚、最愿意为朋友牺牲的友谊，称作"羊左之交"。

管鲍之交

与“羊左之交”相提并论的是“管鲍之交”，如果说羊左之交是在一种悲情氛围中体现了高风亮节，那么管鲍之交则是在一种通达圆融的境界中展示了一种人生智慧。

“管鲍”，是指春秋时期的政治家管仲和鲍叔牙，他们俩是好朋友。管仲比较穷，鲍叔牙比较富有，但是他们之间彼此了解、相互信任。管仲和鲍叔牙早年合伙做生意，管仲出很少的本钱，分红的时候却拿很多钱。鲍叔牙毫不计较，他知道管仲的家庭负担重，还问管仲：“这些钱够不够？”有好几次，管仲帮鲍叔牙出主意办事，反而把事情办砸了，鲍叔牙也不生气，还安慰管仲，说：“事情办不成，不是因为你的主意不好，而是因为时机不对，你别介意。”管仲曾经做了三次官，但是每次都被罢免，鲍叔牙认为不是管仲没有才能，而是因为管仲没有碰到赏识他的人。管仲参军作战，却临阵逃跑了，鲍叔牙也没有嘲笑管仲怕死，他知道管仲是因为牵挂家里年老的母亲。

后来，管仲和鲍叔牙都从政了。当时齐国朝政很乱，公子们为了避祸，纷纷逃到别的国家等待机会。管仲辅佐在鲁国居住的公子纠，而鲍叔牙则在莒国侍奉另一个齐国公子小白。不久，齐国发生暴乱，国君被杀死，国家没有了君主。公子纠和小白听到消息，急忙动身往齐国赶，想抢夺君位。两支队伍正好在路上相遇，管仲为了让纠当上国君，就向小白射了一箭，谁知正好射中小白腰带上的挂钩，没有伤到小白。后来，小白当上了齐侯，历史上称为“齐桓公”。

齐桓公一当上国君，就让鲁国把公子纠杀死，把管仲囚禁起来。齐桓公想让鲍叔牙当上卿，帮助他治理国家。鲍叔牙却认为自己没有当上卿的能力。他大力举荐被囚禁在鲁国的管仲。鲍叔牙说：“治理国家，我不如管仲。管仲宽厚仁慈，忠实诚信，能制定规范的国家制度，还善于指挥军队。这都是我不具备的，所以陛下要想治理好国家，就只能请管仲当上卿。”齐桓公不同意，他说：“管仲当初射我一箭，差点把我害死，我不杀他就算好了，怎么还能让他当上卿？”鲍叔牙马上说：“我听说贤明的君主是不记仇的。更何况当时管仲是为公子纠效命。一个人能忠心为主人办事，也一定能忠心地为君王效力。陛下如果想称霸天下，没有管仲就不能成功。您一定要任用他。”齐桓公终于被鲍叔牙说服了，把管仲接回齐国。

管仲回到齐国，当了上卿，而鲍叔牙却甘心做管仲的助手。在管仲和鲍叔牙的合力治理下，齐国成为诸侯国中最强大的国家，齐桓公成为诸侯王中的霸主。

鲍叔牙死后，管仲在他的墓前大哭不止，想起鲍叔牙对他的理解和支持，他感叹说：“当初，我辅佐的公子纠失败了，别的大臣都以死誓忠，我却甘愿被囚困，鲍叔牙没有耻笑我没有气节，他知道我是为了图谋大业而不在乎一时的名声。生养我的是父母，但是真正了解我的是鲍叔牙啊！”

鲍叔牙不只是“让利”，更是“让贤”，让共同的政治理想通过挚友的努力而实现，而自己情愿做一个默默的关注者和支持者。应该说，被成全的管仲有机会施展抱负，自然很幸福，而成全朋友的鲍叔牙，其幸福感更是超过了管仲。

管仲和鲍叔牙之间深厚的友情，已成为中国代代流传的佳话。在中国，人们常常用“管鲍之交”，来形容自己与好朋友之间亲密无间、彼此信任的关系。

一诺千金

作为中国古代最经典的悲剧之一，《赵氏孤儿》能够经得起多方位的解读，有的人看到的是专制残暴，有的人看到的是生灵涂炭，有的人看到的是臣子忠义，有的人看到的是儒生气节，而更多的人看到的是“为了目的不择手段”……而如果从友谊的视角去看，看到的则是对朋友的无限忠诚，是“一诺千金重”。

《赵氏孤儿》的背景取自两千五百多年前的春秋时代。以战功起家的晋国贵族赵氏家族，权势和声望不断膨胀，甚至让国王晋灵公都既羡慕又恐惧。心高气傲的将军屠岸贾，一直遭赵氏的轻视和排挤，于是他动起了杀机。

赵盾死后，其子赵朔袭职辅佐晋景公。屠岸贾准备发动对赵氏的攻击，大将韩厥让赵朔逃亡，赵朔不肯，说道：“只要将军答应我你不绝我赵氏后代，我死而无憾。”可是他自己都没有想到这个后果有多严重。

屠岸贾不经晋景公允许便带着军队围攻赵朔居住的下宫，杀死了赵朔和他的几个叔叔（赵同、赵括、赵婴齐等），并且尽灭其族。而这场大灾难中，只有三个人侥幸活了下来：赵朔的夫人，赵朔的门客公孙杵臼和赵朔的好友程婴。

此时程婴把一个天大的秘密告诉了公孙杵臼：“赵朔的夫人怀孕了。”而赵朔妻在晋宫中躲了几个月后，终于分娩，生下了一个男婴。屠岸贾很快知道了这个消息，便向宫中索要这个孩子。很显然，此时的晋景公已经没有任何权力可言，屠岸贾守住宫门，自己亲自进来搜索，赵朔妻毫无办法，只好行了一步险棋，她把男婴夹在胯下，祷告说：

“如果天要灭赵氏，你就哭吧；如果天不想灭赵氏，你就别哭。”一通彻底的搜查后，屠岸贾只看到了一旁默默伫立的赵朔妻，却没有搜到婴儿。屠岸贾认为孩子肯定被偷偷转移走了，便向城外搜去，这样赵氏母子才得以幸免。

程婴得知此事赶快找来公孙杵臼商议。公孙杵臼突然对程婴发问：“抚育这孤儿成人与死，两者哪件难？”程婴回答说：“死容易，抚育孤儿难。”公孙杵臼坚定地说：“那请你承担难的那件事，我去承担容易的，让我先死去吧。”二人找了一个婴儿，将其穿上赵氏孤儿的衣服……一切安排妥当后，程婴突然向参与这次杀戮的将军告密：“谁能给我千金，我马上把孩子的藏匿之处告诉他！”这些将军非常高兴，最高兴的当属屠岸贾，屠岸贾马上拿出千两黄金给了程婴。程婴二话没说带着这些军人到了公孙杵臼的家门前。公孙杵臼见到程婴便破口大骂：“程婴你这个小人！当初下宫之难你没死，口口声声说要与我好好抚养赵氏孤儿，今天又把我出卖了。你纵然是不能抚养孤儿，又怎能忍心陷害他呢！”说完，公孙杵臼抱起婴儿大哭道：“天哪天哪！这个孩子有什么罪？请你们放过他吧，只杀我公孙杵臼就可以了。”这出双簧演到这个程度怕是没人会相信此中有诈了，而公孙杵臼最后的求情也是一种忏悔，因为虽然死的不是赵氏孤儿，却也是个无辜的孩子。可是那些将军们没有给公孙杵臼任何希望，杀死了公孙杵臼和这个可怜的婴儿。众人以为赵氏孤儿已死，皆喜。赵氏孤儿就这样被留存了下来，被程婴藏匿在了山中，这个孩子就是日后的赵武。

晋景公十五年，晋景公突然病了，韩厥把一切实情和盘托出。当年参与杀赵氏的诸位将军来问安时，都被韩厥的人拿下。不久赵武率军攻打屠岸贾，屠岸贾就此被灭了族。赵武成人后，程婴辞去公职，向诸大夫辞行，然后告诉赵武说：“当年你家遭遇大难，我没有死，就是因为要抚育你成人，今天这个愿望达到了，赵家也复位了，我有脸去见赵朔和公孙杵臼了。”赵武哭着对程婴说：“您怎么能忍心离我而去呢？”程婴说道：“公孙杵臼把生的希望留给我，他自己选择了死，就是认为我能把你养育成人，今天事情办完了，我也该履行我之前的承诺了。”说完，程婴就自杀了。

《史记》称："赵武服齐衰三年，为之祭邑，春秋祠之，世世勿绝。"

《赵氏孤儿》这个故事从头至尾，都是一片血淋淋的，从现代人的观念来看，故事中每个人的言行也都有值得商榷的地方。而在一片淋漓的血色之中，那朵决绝的友谊之花却开得那么艳丽，让我们这些21世纪的现代人也被深深震撼。

亦师亦友

在孔子那么多弟子中，子路的个性最鲜明，地位也最独特。

如果说儒家学说最看重的品质之一就是“孝”，那么子路在这方面要算是一个模范生。子路的大名叫仲由，又字季路，春秋末鲁国卞人。他成长在非常贫穷的家庭里，吃得不好，穿得也不好。他怕父母营养不够，为了让父母吃到米饭，他要到百里之外去买米，背回家奉养父母。虽然十分辛苦，但是子路甘之如饴，孝敬之心始终没有间断和停止过。后来子路发达了，环境和物质条件好了，可是他的父母已经先后过世了。生活环境这么好的情况下，他很想报答父母之恩，可是父母已经不在身边了，所以他非常痛心。

子路虽然做生意发了财，还有一身好武艺，但他有更高的人生追求，他极其重友朋、讲义气，“愿车马衣轻裘与朋友共，敝之而无憾”，同时一心想从名师学习。子路去拜见孔子的时候，孔子对子路说：“你有什么喜好？”子路回答说：“我喜欢长剑。”孔子说：“我不是问这方面。只是说以你的天赋，再加上学习，怎么会有人赶得上呢？”子路说：“南山有一种竹子，不须揉烤加工就很笔直，削尖后射出去，能穿透犀牛的厚皮。由此说来，又何必经过学习的过程呢？”孔子说：“如果在箭尾安上羽毛，箭头磨得锐利，箭不是能射得更深更远吗？”子路听后拜谢说：“真是受益良多。”

此后子路就成了孔子的学生，还成了孔子忠心耿耿的贴身侍卫，由于子路勇力过人，武艺高强，因此无人敢欺侮孔子。孔子自谓：“自吾得由，恶言不闻于耳。”

子路性亢直，表现在言语上就是从不掺假欺瞒，对此孔子评价说：“‘片言可以折狱者，其由也与？’子路无宿诺。”断狱讲究“兼听则信”，但子路的话却笃实无欺，故听子路一面之词便可断狱。子路“无宿诺”，意谓子路答应今天兑现的事情，决不拖延到明天。孔子对子路忠心不二、讲信义的品性深有了解，曾断言：“道不行，乘桴浮于海。从我者，其由与？”他坚信当穷途末路、逸往海外时，随从自己的只有子路一人。

在对待老师方面，子路一方面忠贞不贰，极其尊重；另一方面又不像颜回那样对孔子之言“无所不悦”，总取“不违”态度。只要他认为孔子的言与行有不正确的地方，总是直率地批评和反驳。这是子路率直、光明磊落的又一体现。《论语·阳货》载：“公山弗扰以费畔，召，子欲往。”对孔子的这一举动，子路以为不妥，当面反讥说：“没有人用你就算了，为什么要投奔这个叛乱分子呢？”急得孔子支支吾吾地回答：“我去应召是想借那块地方复兴周朝啊。”由于此事于情于理都欠妥，加之子路的反对，孔子未能成行。又《史记·孔子世家》记载，孔子欲至卫国求仕，当时卫灵公夫人南子深得灵公宠爱，欲得到卫灵公任用，非得走南子这个后门不可，而南子在当时名声又极为不佳，这实在给以守礼著称的孔子出了一道难题，但由于求官心切，孔子还是放下身段来，硬着头皮去见南子。对孔子的这一“失节”举动，子路极为反感，当面质问孔子，急得孔子对天发起誓来：“我如果不是为了得君行道而不得已去见南子的话，那么老天一定会厌弃我！”子路就是这样一个亢直坦率的人，只要他认为不对，一定会坚决提出批评，即使是自己尊敬的老师也不例外，这一点是孔子的其他弟子所不及的。

亢直好勇恰恰正是子路人性中最闪光的地方。子路光明磊落，重友朋、讲义气、守言诺、明是非、有担当，所有这些，皆与其亢直好勇的

性格息息相通。总之，他是孔子门徒中性格极其独异的一位。

子路之死，令人欷歔。当时子路担任卫国的大夫，卫国发生动乱，子路勇敢地喊出“食其食者不避其难”，展现出为国家冒死拼杀、殉道尽忠的舍生取义精神。在一次作战中，子路为了救主，不顾危险，最后惨死乱军的刀剑之下。死之前，子路系帽的带子被敌军的戈给击断了，子路自语：“君子死，冠不免。”将帽带系好，从容赴死。由于他被砍作肉浆，孔子悲痛万分，从此不食肉糜。

有“多年父子成兄弟”，亦有“多年师徒成友朋”。

刎颈之交

在形容友谊的高纯度的时候，中国人特别爱用“刎颈之交”这个词。“刎颈”，割脖子。“刎颈之交”，比喻可以同生死、共患难的朋友，出自《史记·廉颇蔺相如列传》：“卒相与欢，为刎颈之交。”

战国时，赵国宦者令缪贤的门客蔺相如，受赵王派遣，带着稀世珍宝和氏璧出使秦国。他凭着智慧与勇气，完璧归赵，得到赵王的赏识，封为上大夫。

后来，秦王又提出与赵王在渑池相会，想逼迫赵王屈服。蔺相如和廉颇将军力劝赵王出席，并为赵王献巧计。廉颇以勇猛善战给秦王以兵力上的压力，蔺相如凭三寸不烂之舌和对赵王的一片忠心使赵王免受屈辱，并安全回到赵国。赵王为了表彰蔺相如，就封他为上卿，比廉颇将军的官位还高。

这下廉颇可不乐意了，他认为自己英勇善战，为赵国拼杀于前线，是第一大功臣，而蔺相如只凭一张嘴，竟然官居自己之上。廉颇很不服气，决心要好好羞辱蔺相如一番。

蔺相如听到这个消息，便处处回避廉颇，到了上朝的日子，就称病不出。有一次，蔺相如有事出门遇到廉颇。廉颇就命令手下用各种办法堵住蔺相如的路，最后蔺相如只好命令手下回府。廉颇就更得意了，到处宣扬这件事。蔺相如的门客们听说了，纷纷提出要回家，蔺相如问为什么，他们说：“我们为您做事，是因为敬仰您是个真正崇高的君子，可现在您居然对狂妄的廉颇忍气吞声，我们可受不了！”蔺相如听了，哈哈一笑，问道：“你们说是秦王厉害还是廉颇将军厉害？我连秦王都不怕，又怎么会怕廉颇呢？秦国现在不敢来侵犯，只是慑于我和廉将军一文一武保护着赵国，作为赵王的左膀右臂，我又怎能因私人的小小恩怨而不顾国家的江山社稷呢？”

廉颇听说后，非常惭愧，便袒胸露背背着荆条向蔺相如请罪。从此，他们便成了同生死共患难的好朋友，齐心为国效力。

这个故事，又叫“将相和”。

莫逆之交

莫逆之交，指彼此志同道合，交谊深厚。典出《庄子·大宗师》。原文记述："子祀、子舆、子梨、子来四人相语曰：'孰能以无为首，以生为脊，以死为尻，孰知生死存亡之一体者，吾与之友矣。'四人相视而笑，莫逆于心，遂相与为友。"后以"莫逆之交"谓情投意合的朋友。

庄子，即庄周。战国时代伟大的思想家。宋国蒙（今安徽蒙城）人，做过一阵子官职甚小的漆园吏。据《庄子》记载，他生活贫困，常常编草鞋为生。楚王曾请他去任楚相，被他拒绝。庄子认为做官必然会扭曲人性。庄子思想的核心是自然无为。引文中的"四子"所据不详，应是庄子创造的四个寓言人物。这四位成为莫逆之交之后，不久子舆就生病了，子祀去慰问他。子舆说："伟大啊自然，把我造成现在这耷头弯腰、背上生疮、瘦肩高耸的样子！"

子祀问："你不讨厌你的病吗？"

子舆说："不，我为什么要讨厌病呢？人得到了什么，只是暂时的；失去了什么，则是顺应了自然。安心于暂时，顺应于自然，就能忘记欢乐与悲伤。人是不能战胜自然的，我又为什么讨厌这自然而然的病呢？"

而在现实生活中，庄子和惠施算是一对莫逆之交。

庄子有着旷达的心境，视富贵荣华有如敝屣。其高妙的生活情趣，自然超越人群与社群。无怪乎在他眼中，"以天下为沉浊，不可与庄语"，既然这样，就只好"独与天地精神往来"了。像庄子这样绝顶聪明的人，要想找到一两个知己，实在不容易。平常能够谈得来的朋友，除了惠子之外，恐怕不会再有别的人了。他俩都好辩论，辩才犀利无比；他俩亦很博学，对于探讨真理有浓厚的兴趣。

惠子喜欢倚在树下高谈阔论，疲倦的时候，就据琴而卧，这种态度庄子是看不惯的，但他也常被惠子拉去梧桐树下谈谈学问，或往田野上散步。一个历史上有名的辩论，便是在他们散步时引起的——

那一日，庄子和惠子在濠水的桥上游玩。

庄子说：“小白鱼悠闲地游出来，这是鱼的快乐啊！”

惠子问：“你不是鱼，怎么知道鱼是快乐的？”

庄子回曰：“你不是我，怎么知道我不晓得鱼的快乐？”

惠子辩说：“我不是你，固然不知道你；准此而推，你既然不是鱼，那么，你不知道鱼的快乐，是很明显的了。”

庄子回曰：“请把话题从头说起吧！你既然说‘你怎么知道鱼是快乐的’，就是你知道了我的意思而问我，那么我在濠水的桥上也就能知道鱼的快乐了。”

庄子与惠子由于基本观点的差异，在讨论问题时，便经常互相抬杠，而挨棒子的，好像总是惠子。在《逍遥游》上，庄子笑惠子“拙于用大”；在《齐物论》上，批评他说：“并不是别人非明白不可的，而要强加于人，所以惠子就终身偏蔽于‘坚白论’”（“非所明而明之，故以坚白之昧终”）；《德充符》上也说惠子：“你劳费精力……自鸣得意于坚白之论”。这些批评，庄子都是站在自己的哲学观点上发出的，而他最大的用意，则在于借惠子来抒发己见。

他们两人，在学术观念上相对立，在现实生活上也有很大距离（惠施富贵而庄子贫贱），但在情谊上，惠子确是庄子生平唯一的契友。这从惠子死后，庄子的一节纪念词上可以看出：

庄子送葬，经过惠子的坟墓，回头对跟随他的人说：“楚国郢人捏白土，鼻尖上溅到一滴如蝇翼般大的污泥，他请匠石替他削掉。匠石挥动斧头，呼呼作响，随手劈下去，把那小滴的泥点完全削除，而鼻子没有受到丝毫损伤，郢人站着面不改色。宋元君听说这件事，把匠石找来说：‘替我试试看。’匠石说：‘我以前能削，但是我的对手早已经死了！’自从先生去世，我没有对手了，我没有谈论的对象了！”

当代学者陈鼓应对此评价说：“惠子死后，庄子再也找不到可以对谈的人了。在这短短的寓言中，流露出纯厚真挚之情。能设想出这个妙趣的寓言，来譬喻他和死者的友谊，如此神来之笔，非庄子莫能为之。”

有争论，有商榷，有珍惜，这是一种在友谊烛照下的智者的日常生活，真让后人羡慕不已。

壮士背后

先秦时期，涌现出许多刺客，形成了特有的刺客文化。这些刺客不仅不是恐怖分子，而且是有真勇、讲大义之人，是刺向强权的一柄利剑。

一个伟大的刺客背后，总是站着几个同样伟大的朋友。最有名的刺客荆轲就是这样。

话说在秦国做人质的燕太子丹逃回了燕国。他看到秦国将要吞并六国，如今秦军已逼近易水，唯恐灾祸来临，心里十分忧虑。

过了一些时候，樊於期将军从秦国逃到燕国，太子丹收留了他。太傅鞠武进谏太子丹说："不能这样做啊。秦王残暴，又对燕国一直怀恨在心，如此足以让人胆战心惊了，更何况他知道樊将军在这里！这就好比把肉丢在饿虎经过的路上，灾祸难以避免了。太子您还是赶紧打发樊将军到匈奴去，以防泄露风声。"太子丹说："樊将军穷途末路，才来投奔我，我怎么能把他打发到匈奴去呢？"鞠武说："燕国有一位田光先生，此人深谋远虑，您不妨跟他商量商量。"

田光进宫时，太子丹跪着迎接他，又跪下来替他拂拭座席。然后向田光请教道："燕秦势不两立，希望先生能尽量想个办法来解决这件事。"田光说："我听说好马在年轻力壮的时候，一天可以飞奔千里。可到它衰老力竭的时候，连劣马也能跑在它的前面。太子现在听说的是我壮年的情况，却不知道如今我的精力已经衰竭了。虽然这么说，我不敢因此耽误国事。我的好朋友荆轲可以担当这个使命。"太子说："希望能通过先生与荆轲结识，可以吗？"田光说："好的。"说完起身就走了出去。太子丹把他送到门口，告诫他说："我告诉您的和先生刚才说的，都是国家大事，希望先生不要泄露出去。"田光低头一笑，说：

"好。"

田光弯腰曲背地去见荆轲，对他说："我和您交情很深，燕国没有人不知道。现在太子只听说我壮年时的情况，却不知道我的身体已大不如前了。我从来就没把您当外人，于是把您举荐给太子，希望您能到太子的住处走一趟。"荆轲说："遵命。"田光又说："我听说，忠厚老实之人的所作所为，不使人产生怀疑，如今太子却告诫我说：'我们所讲的，都是国家大事，希望先生不要泄露出去。'这是太子他怀疑我啊。为人做事让人怀疑，就不是有气节的侠客。"田光这番话的意思是想用自杀来激励荆轲，接着他又说道："希望您马上去拜见太子，说我已经死了，以此表明我没有把国家大事泄露出去。"说完就自刎而死。

荆轲见到太子丹，告诉他田光已死，转达了田光的遗言。太子丹拜了两拜，双腿跪行，泪流满面，过了好一会儿才说道："我之所以告诫田光先生不要泄密，是想实现重大的计划罢了。现在田先生用死来表明他没有泄密，这哪里是我的本意呢?"荆轲坐定后，太子丹离席，给荆轲叩头，说："如今秦国贪得无厌，野心十足，如果不把天下的土地全部占为己有，不使各诸侯全部成为自己的臣下，它是不会满足的。现在大祸就要落到燕国头上了，燕国国小力弱，多次遭受兵祸，现在就算征发全国力量也不可能抵挡住秦军。我私下考虑若能得到天下最勇敢的人出使秦国，用重利引诱秦王，秦王贪图这些厚礼，我们就一定能如愿以偿了。如果能劫持秦王，让他归还侵占的全部诸侯土地，就像当年曹沫劫持齐桓公那样，那就更好了；如果秦王不答应，那就杀死他。趁这个机会诸侯就可以联合起来，势必击破秦国。这是我的最高愿望。但不知道把这个使命托付给谁，希望先生您给想个办法。"

过了一会儿，荆轲才说："这是国家大事，我驽钝才能低下，恐怕不能胜任。"太子丹上前叩头，坚决请求荆轲不要推辞。荆轲这才答应下来。于是，太子丹尊荆轲为上卿，让他住在上等的馆舍。太子丹每天前去问候，供给他丰盛的宴席，备办奇珍异宝，不时进献车马和美女，尽量满足荆轲的欲望，以便让他称心如意。

过了很久，荆轲还没有动身的意思。这时，秦将王翦攻破赵国后挥师北进，一直打到燕国南部边境。太子丹非常恐惧，就向荆轲请求说："秦国军队早晚要渡过易水，我虽然愿意长久地侍奉您，又哪里可能呢?”荆轲说:“即使太子不说,我也想向您请求行动了。现在秦王正用千两黄金和万户封邑来悬赏缉拿樊将军。如果能得到樊将军的首级和燕国督亢的地图献给秦王,秦王一定乐于接见我,这样我才能有报效太子的机会。”

荆轲知道太子丹不忍心,于是就私下里去见樊於期并说明来意。樊将军听后仰天长叹,泪流满面地说:“我每次想到这些,就恨入骨髓,只是不知道如何才能报仇罢了。”荆轲说:“我现在有一个建议,不但可以解除燕国的祸患,而且可以为您报仇,您看怎么样?”樊於期走上前说:“您究竟想怎么办?但说无妨。”荆轲说:“希望能得到将军的首级,进献秦王,秦王必定很高兴,就会接见我。到那时,我左手抓住他的衣袖,右手用匕首刺进他的胸膛。这样,您的大仇可报,燕国遭受的耻辱也可以洗刷了。将军可有这番心意呢?”

樊於期袒露出一条臂膀,握住手腕,走近一步说:“这是我日夜咬牙切齿、痛彻心扉的事情,居然在今天能得到您的指引。”说完就自杀了。太子丹听说后,赶紧驾车奔去,趴在樊於期的尸体上痛哭起来,极其悲伤。事情既然无可挽回,于是就只好收敛樊於期的尸首,将头颅用匣子封存起来。这时候,太子丹已经预先寻到天下最锋利的匕首,并让工匠用毒药水淬染匕首,拿它在人身上试验,只要流出一点儿血,那人就会立刻死去。随后他准备行装,送荆轲动身。

燕国有个勇士叫秦舞阳,十二岁时就杀过人,别人都不敢用忤逆的眼神看他。于是太子丹就派秦舞阳做荆轲的助手。荆轲正等着另一个人,想跟他一起去,那人住得远,还没有赶到,荆轲为此滞留,过了好几天还没有出发。太子丹嫌荆轲行动缓慢,怀疑他要反悔,于是又去请求他说:“时间已经不多了,您难道不打算去了吗?请让我先派秦舞阳去吧。”荆轲生气了,呵斥太子说:“我今天去了如果不能回来,就可能因为秦舞阳这小子!如今我拿着一把匕首到吉凶难测的秦国去,之所以还不动身,是要等我的朋友一起走。现在您既然嫌我行动迟缓,那就诀别吧!”于是就出发了。

太子丹以及知道这件事的宾客,都身穿白衣、头戴白帽来为荆轲送行,到了易水岸边,祭祀完路神,荆轲就要上路了。这时,高渐离击起了筑乐,荆轲和着曲调唱起歌来,歌声凄厉悲怆,人们听了都流下眼泪，暗暗地抽泣。荆轲又踱上前唱道："风萧萧兮易水寒，壮士一去兮不复还！"接着乐音又变作慷慨激昂的羽声，人们听得虎目圆睁，怒发冲冠。于是荆轲登上马车飞驰而去，始终没有回头看一眼。

一行人到秦国以后，按原先设想的那样，荆轲在大殿上见到了秦王，然而便是图穷匕首见——说时迟那时快，荆轲左手拉住秦王的衣袖，右手握住匕首就刺向秦王，可惜没能刺中。秦王大吃一惊，抽身而起，并伸手拔剑，剑身太长，卡在剑鞘里了。荆轲追赶秦王，秦王只好绕着柱子逃跑。群臣都惊慌失措，按照秦国的法律，大臣在殿上侍奉君王时不得携带任何兵器，守卫宫禁的侍卫虽然带着武器，但都站在殿外，没有秦王的命令不能上殿。正在危急时刻，御医夏无且用他身上带着的药囊向荆轲投去。趁这个机会大臣们对秦王大喊："大王把剑背起来！"秦王这才把剑背起，拔出剑来砍荆轲，一下子砍断了他的左腿。荆轲重伤跌倒在地，于是举起匕首向秦王投去，没有击中，扎在柱子上。秦王又砍荆轲，荆轲八处受伤。荆轲自知事情失败，就靠着柱子大笑起来，叉开两腿大骂道："事情之所以没有成功，无非是想活捉你，得到归还侵占土地的凭证去回报太子。"两旁的人赶过来把荆轲杀了，秦王头晕目眩了好久，才回过神来。

于是秦对燕十分愤恨，增派军队赶往赵国旧地，命令王翦的部队去攻打燕国，十月攻陷燕都蓟城。燕王喜、太子丹等率领精锐部队退守辽东。秦将李信追击燕王，燕王急了，只好采用代王赵嘉的主意，杀了太子丹，打算献给秦王。但秦军仍旧继续进攻，五年之后终于灭掉了燕国，俘虏了燕王喜，秦国统一天下。

后来，荆轲的好友高渐离利用击筑的机会见到秦始皇，他用筑投击秦始皇，想为燕国报仇，结果也没有击中，反被杀死。

如果把荆轲比作一曲高亢的悲歌，那么田光、樊於期、高渐离就如同和声，前赴后继地在歌声中响起，那是他们用生命在歌唱，以一种我们现代人所难于理解的决绝——为正义歌唱，也为情义歌唱。

患难情真

张骞，西汉汉中城固人，我国最早的旅行家、探险家和外交家。

在汉武帝时期，张骞两次出使西域，揭开了中国与西域各地区和国家联系的新的一页，是我国对外“开放”的里程碑，有力地促进了中西经济文化的交流。西域的葡萄、石榴、苜蓿、蚕豆、胡瓜、胡桃等植物和种植技术传入中土；西域的良马、骆驼、奇禽异兽以及名贵的毛织品，也都源源而来；西域的音乐、舞蹈、绘画也相继进入中原；佛教和佛教艺术也经中亚传到西域，再传入中国，对中国经济文化产生了巨大的影响。同时，中原地区的先进技术也不断地传入西域，如铸铁、凿井（称坎儿井）技术传到西域，丝织品、漆器等精美手工业产品大量行销西域。这种频繁的经济文化交流，促进了西域地区社会的进步，也丰富了中原汉人的物质生活和精神生活。张骞出使西域的道路逐渐发展为闪耀史册的“丝绸之路”。

这是一条友谊之路，而在友谊之路的开辟过程中，在宏大的叙事后面，也有许多关于友谊的微小叙事，张骞及其助手堂邑父就是最好的例子。

时间倒回至汉武帝初年，当时张骞在朝中担任郎中一职，匈奴中有人投降了汉朝，他们说敦煌（今甘肃敦煌西）和天山之间有个月氏（yuè zhī）国，恨匈奴，想报仇。汉武帝想跟月氏联合起来切断匈奴跟西域各国的联系。他下诏征求精明强干的人去联络月氏，张骞应征了。有个投降过来的匈奴人叫堂邑父，还有一百多个勇士都愿意跟着张骞一起去找月氏国。

这个堂邑父正是整个故事的男二号。他本名甘父，另说其姓堂邑，名甘父，亦说字胡奴甘父，匈奴人，战争中被俘虏，为堂邑县一贵族家奴仆，所以又称堂邑父，其射箭技术精良，被释放后加入汉军。

公元前138年，汉武帝派张骞为使者，带着一百多人从陇西（在今甘肃临洮南）出发。陇西外面就是匈奴地界。张骞他们走了几天，结果被匈奴兵围住，做了俘虏，只好滞留在那边，一晃就是十多年。别人都分散了，只有堂邑父跟张骞在一起。日子久了，他们说话、做事，跟匈奴人没有什么不同，匈奴人对他们的看管也放松了。

有一天，张骞和堂邑父带着干粮，趁着别人不留心时，骑上两匹快马逃了。他们要到月氏去，又不知道月氏在哪儿，只好往西走。他们跑了几十天，逃出了匈奴地界，闯进了一个叫大宛（在今中亚地区）的国家。

大宛在月氏北边，是出产快马、葡萄和苜蓿的地方。大宛是匈奴的邻国，懂得匈奴话，张骞和堂邑父都能说匈奴话。大宛人向国王报告，大宛王早就听说在很远的东方有个中国，地方很富庶，吃的、穿的、住的讲究得没法形容，金银财宝、绸缎布帛多得用也用不完，这会儿听说汉朝的使者到了，连忙欢迎。

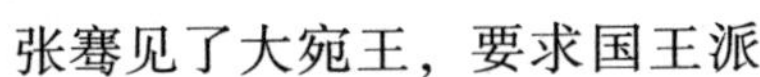

张骞见了大宛王，要求国王派人送他们去月氏。大宛王就派人送张骞他们到了月氏。张骞见了月氏王，说汉朝愿意跟月氏联合起来共同去打匈奴。

可是，月氏王不想这样。原来月氏老王被匈奴杀了以后，月氏人立他的儿子为王。新王率领着全部人马和牲畜往西逃，一直到了大夏（今阿富汗北部）。月氏人打败了大夏，就建立了一个大月氏国，月氏王不想再去跟匈奴作战，只是很有礼貌地招待汉朝使者。

张骞和堂邑父在月氏住了一年多，没法叫月氏王去打匈奴，只好离开了月氏回国，经过康居（约在今巴尔喀什湖和咸海之间）和大宛，到了匈奴地界，又给匈奴逮住了。他们只好又在那边待了一年多。匈奴的太子和单于争夺王位，国内大乱。张骞同堂邑父就逃回来了。汉武帝见了十三年未见的张骞，拜他为太中大夫，封堂邑父为奉使君。

张骞还想再到西域去。他向汉武帝禀报："我在大夏看见邛（qióng）山（在今四川）出产的竹杖和蜀地（今四川成都）出产的细布。大夏人说是商人从身毒（yuán dú，今印度）买来的。大夏在长安西边一万二千里。大夏人能将身毒的东西卖到蜀地，可见身毒离蜀地不远。我们要是从蜀地出发，走西南那条道儿，经过身毒到大夏，就不必经过匈奴了。"

汉武帝听了，打算用礼物和道义去跟这些国家联合起来对付匈奴。他再一次派张骞为使者，从蜀地出发，带着礼物去结交身毒。这次，张骞把人马分成四队，从四个地点出发，走了两千里地，有的给当地的部族打回来，有的给杀害了。往南走的一队人马绕过昆明，到了滇国（今云南南部）。滇国的国王原来是楚国人，很客气地招待使者，愿意帮助使者找道儿去身毒，但昆明人不让过，张骞只好回到长安。汉武帝认为这次在南方结交了一个从没听说过的国家，也很满意。

后来西域一带有许多国家看到匈奴被汉朝打败，就不愿意再向匈奴进贡、纳税。汉武帝趁这个机会，再派张骞去通西域。张骞说："匈奴西边有个乌孙国（在今新疆）。皇上不妨先结交乌孙王，跟他和亲，那么乌孙以西的国家，像大宛、康居、大夏、月氏，就容易结交了。"

汉武帝派张骞为使者，拿着汉朝的旌节，带着三百个勇士，每人两匹马，还有牛、羊一万多头，黄金、钱币、绸缎、布帛等价值不菲的礼物动身了。

到了乌孙，乌孙王出来迎接。张骞把一份很厚重的礼物送给他，对他说："要是大王能够搬到东边来，皇上愿意把那边的土地封给大王，还把公主嫁给大王做夫人，两国结为亲戚，共同对付匈奴。这对咱们两国都有好处。"

乌孙王请张骞暂时休息几天，自己召集大臣们商议商议。乌孙王和大臣们都害怕匈奴，商议了好几天，决定不下来。张骞就打发他的副手们拿着旌节，带着礼物，分别去联络大宛、康居、大月氏、大夏、安息（古代波斯）、身毒、于阗（今新疆和田一带）等国家。乌孙王还派了几个翻译帮助他们。许多使者去了很久还没回来，乌孙王就打发张骞先回国，他借着送张骞回国，派了几十个人到长安去探查一下。

张骞带着乌孙的使者来见汉武帝。汉武帝见了他们已经很高兴了，又瞧见乌孙王送给他的几十匹高头大马，喜欢得不得了，格外优待乌孙的使者。

过了一年，张骞害病死了。又过了几年，张骞派出去的那些副手们都带着各国的使者陆续回来了。汉武帝非常高兴，他知道了西域有三十六国，他们害怕匈奴，只好把自己的奴隶和财富交给匈奴。这会儿汉朝跟这些国家交好，他们不必纳税，都很乐意跟汉朝结交。

乌孙王不愿意搬到东边来，汉武帝就在那边设立了两个郡，一个叫酒泉郡（今甘肃酒泉），一个叫武威郡（治所在今甘肃民勤东北），一年到头有官员和兵士守卫着，不让匈奴南侵。

在开辟丝绸之路的过程中，张骞居功至伟。他不仅有理想，有毅力，而且心眼好，够朋友，因此赢得了西域三十六国上上下下的信任，成为汉朝最好的形象大使。而堂邑父是属下，是助手，也是向导，更是患难之交，与张骞一起出生入死。在西行路上最困难的时期，他凭射技射杀野兽以充饥，可以说，没有堂邑父，张骞的成功是不可想象的。而堂邑父本人是匈奴人这一点又可说明，民族之间没有跨越不了的鸿沟。

杵臼之交

杵：舂米的木棒；臼：石臼。杵臼之交，比喻交朋友不计较贫富和身份。

东汉时，山东胶东书生公沙穆隐居在东莱山求学，为筹集求学经费，穿上粗布衣服到地方长官吴祐家做雇工，任务就是舂米。吴大人见公沙穆谈吐非凡，就与他结交为好友，并资助他继续求学。后来公沙穆学成并成为一个有作为的正直官员。

公沙穆和吴祐的相遇和友谊，只是他们漫漫人生中的一个闪光片段，而在此之前和在此之后，两个人则各自展开了他们同样闪光的人生轨迹。

先说吴祐，字季英，是吴恢的小儿子，自幼随父亲学习儒家经典，稍大便颇有远见卓识。十二岁时，吴祐随父亲到广州。当时，吴恢准备制作大批竹简用来写经书，吴祐劝阻说："此书写成，势必动用车辆搬运回中原。别人不知内情，还会以为你在广州搜刮了大批珍奇异物。大凡易引起嫌疑的事，君子都应极为慎重。"吴恢听后，感慨地说："吴姓宗族，真是世代不乏优秀的'季子'呀！"

父亲去世后，吴祐回到长垣县牧养读书，自得其乐。后举孝廉，又以品性敦厚、质朴、逊让、节俭，升任胶东侯相（胶东侯国在今山东平度市）。任职九年，为政宽仁，深得人心。

后又改任齐侯国相（今山东淄博市），因刚直不阿，得罪大将军梁冀，被降为河间侯相（河间侯国在今河北河间、献县一带）。不久，辞官回乡，以教授经书为业，成为当时著名的学者。活到九十八岁时，寿终正寝，葬在长垣。

再说公沙穆（生卒年月不详），字文义，东汉北海国胶东侯国（今平度市）人。

公沙穆幼年家贫，立志为学，潜心攻读《韩诗》和《春秋公羊传》，并研究当时盛行的谶纬之学，逐渐学有所成，许多学者不远千里来到他所隐居的东莱山中拜访他。

富人王仲劝他说："当今之世，人们多是以财富求通达。像你这样的人才，我愿赠你百万财货以求功业，何如?"公沙穆却婉言谢绝，表示"以货求位"不是自己的志愿。

谢承《后汉书》还记载了这样一个故事：公沙穆家有患病之猪，他派家人到市上去把猪卖掉，再三叮嘱应对买主讲明实情，半价贱售，不可骗人。但家人还是把病猪当好猪卖了高价。公沙穆得知，当即拿了所得钱之一半，追上买者，说明原委，把钱退给了人家。

公沙穆既博学，又有此类高行，于是名声越来越大，终于被北海国举为"孝廉"，开始进入了仕途。他先任主事，再迁缯侯国相（"缯侯国"在今山东省莒县境内）。当时的缯侯刘敞是皇族近支东海恭王的子孙，他在"国"内强占良田，掠夺财货，横行不法，残害百姓。公沙穆到任后，按礼节前去拜见刘敞，当众历数刘敞的种种不法行为，进而又当场把刘敞的几名助纣为虐的门客和家人下狱问罪；最后再诚心劝谏刘敞改恶从善，"免致覆宗之祸"，终于迫使刘敞当场谢罪，而且以后"多从穆之所规"。

此后，公沙穆调任弘农县令。弘农地处今陕豫交界，古函谷关在其境内，地理位置重要，政务繁巨，历称难治。公沙穆在任，治绩优异，尤其在防治螟害方面卓有成效，深为弘农百姓所敬佩。汉桓帝永寿元年(155)，豫西一带连降暴雨，洪水为害，"三辅以东，莫不淹没"。由于公沙穆通晓气象水文之学，预先组织百姓迁移到高地躲避，结果唯独弘农受灾最轻，因此公沙穆更被百姓尊若神明。

再后，公沙穆升任辽东属国都尉。"辽东属国"是东汉王朝的东北边疆重地。公沙穆在任期间治理得法，很受吏民拥戴，六十六岁时卒于任所。

吴祐和公沙穆是两颗星，各自散发着光辉，而公沙穆这颗星星在演化的过程中，曾经沐浴了吴祐带来的温暖无私的星光，所以他日后要努力发出更灿烂的光芒，为自己，更为吴祐。

君子一党

宦官是封建朝代特有的产物，也是旧时政治中一个极其不稳定的因素。宦官与士大夫之间的斗争由来已久，而这种惨烈斗争的第一波，就是东汉时期的党锢之祸。

东汉王朝建立后不久，就陷入了外戚、宦官交替擅权的怪圈，政治黑暗腐朽，危机四伏。面对深重的政治危机和社会危机，统治集团内一部分官僚、士人，开始对东汉政权的前途感到担忧。另外，宦官和外戚及其爪牙控制了选官大权，选举不实，权门请托，贿赂公行，当时人讽刺道："举秀才，不知书。举孝廉，父别居。寒素清白浊如泥，高第良将怯如鸡。"选官制度的混乱，严重地堵塞了太学生和各地郡国生的入仕之路，引起强烈不满。对国家命运和个人前途的担忧，促使这些官僚、士人奋起而反对外戚、宦官擅权，要求革新政治，并对时局提出尖锐的批评，对不畏权势的人物进行赞扬，逐渐形成了所谓"清议"的言论，即社会舆论。

延熹九年（166），宦官赵津、侯览等党羽与张泛、徐宣等人为非作歹，并故意在大赦之前犯罪，期望以此逃脱惩罚，而官员成瑨、翟超、刘质、黄浮等不畏权贵，在大赦以后仍然按律处置了这些人。宦官等人向桓帝进言，桓帝听信一面之词，重处了这些官员。

朝中重臣、位列三公的太尉陈蕃、司空刘茂一同向桓帝进谏。桓帝不悦。刘茂不敢多说。陈蕃独自上书，以汉初申屠嘉召责邓通，董宣追劾湖阳公主的例子，为受罚的官员们辩解，并要求桓帝"割塞近习与政之源"，清除宦官乱政的不正之风。桓帝不理他，而宦官党羽更加嫉恨士大夫们，虽不敢加害名臣陈蕃，但对其他人则大加报复。

朝中大臣、地方官员以及民间百姓大多站在士人一边，纷纷指责宦

官乱政，为非作歹，排斥忠良。结果许多忠良被纷纷免官，成瑨、刘质等最终在狱中被害，岑晊、张牧等人逃亡得免。

河南尹李膺，在大赦后处死了蓄意在赦前杀人的张成之子。张成为宦官党羽，宦官一党遂让张成弟子牢修上书，诬陷李膺等人“养太学游士，交结诸郡生徒，更相驱驰，共为部党，诽讪朝廷，疑乱风俗”。士人、宦官间的矛盾由此爆发。

桓帝大怒，诏告天下，逮捕并审理党人。太仆卿杜密、御史中丞陈翔等重臣及陈寔、范滂等士人皆被通缉。太尉陈蕃认为“罪名不章”，拒绝平署诏书。桓帝见诏书无法生效，干脆跳过司法程序，直接让宦官负责的北寺狱审理此案。李膺、陈寔、范滂等人慨然赴狱，受三木酷刑而不改其辞。

当时被捕的大多是天下名士，民间所认同的“贤人”。度辽将军皇甫规以没有名列“党人”而被捕为耻，上书“臣宜坐之”，要求桓帝连自己一块儿治罪。桓帝没有理他。

陈蕃再度上书，以夏商周三代之事劝谏，言辞激切，桓帝嫌他多嘴，以陈蕃提拔的人才不好为罪名免去了他的太尉一职，改以光禄勋周景为太尉，并罢免了司空刘茂，改以光禄勋宣酆为司空。

桓帝的皇后窦妙的父亲槐里侯窦武为城门校尉，他名列三君，同情士人，于次年（167）上书求情。同时，负责审理此案的宦官王甫等人也为党人的言辞所感动，取消了对他们的酷刑。

李膺等人在狱中故意供出宦官子弟。宦官等害怕牵连到自己身上，向桓帝进言，说天时到了大赦天下的时候了。于是同年六月庚申日，改元永康，大赦天下。党人等获得释放，但放归田里，终身罢黜，史称“第一次党锢之祸”。

不久，又出现太白金星经房宿，由上将星入太微垣的天象，当时的人认为这是不祥之兆，象征奸佞在皇帝身旁，大将军有灾难。窦武等人准备动手除去宦官曹节王甫一党。

九月辛亥日（九月初七），窦武轮到休假日，出宫回家。宦官偷出他的奏折，得知了士人的计划，因而连夜歃血为盟，发动政变。宦官们与皇帝的乳母赵娆一起，蒙骗年幼的灵帝，格杀亲近士人的宦官山冰等，抢夺印、玺、符、节，胁迫尚书假传诏令，劫持太后窦妙，追捕窦武、陈蕃等。

年过八旬的陈蕃闻讯，率太尉府僚及太学生数十人拔刀剑冲入承明门，到尚书门因寡不敌众被擒，当日遇害。

窦武驰入步兵营起兵对抗。名将、护匈奴中郎将张奂此前率军出征，这时候刚回到京师，尚未了解局势，宦官等人假传诏令骗过了他。张奂误以为窦氏叛乱，遂与少府周靖率五营士，联合王甫所率领的千余虎贲军、羽林军一起进攻窦武。窦武被重重围困，无奈自杀；他的宗亲宾客姻属及侍中刘瑜、屯骑校尉冯述等人皆被灭族；虎贲中郎将刘淑、尚书魏朗等也被诬陷而被迫自杀；窦太后被软禁在南宫，李膺等再次被罢官，并禁锢终生。

议郎巴肃参与了窦武的计划，但宦官不知道，只是将他禁锢而已。巴肃认为：“为人臣者，有谋不敢隐，有罪不逃刑，既不隐其谋矣，又敢逃其刑乎！”于是自己到县官官衙投案，县官要解印与他一起逃亡，他不同意，被害。

陈蕃的友人朱震弃官痛哭，收葬了陈蕃的尸体，并将他的儿子陈逸藏到甘陵，被人告发。朱震全家被捕，都受到酷刑，然而朱震至死不肯说出陈逸的行踪，陈逸得以幸免。

窦武的府掾胡腾收葬了他的尸体，为他发丧，也被禁锢终生。窦武的孙子窦辅，才两岁，被胡腾收留并冒充为自己的儿子。胡腾与令史张敞一起将他藏匿在零陵，窦辅也得以幸免于难。

张奂因“平叛”的功劳被宦官们提拔为大司农，封侯。张奂因深恨自己被曹节等欺骗，害死国家忠良，铸成大错，坚决拒绝不肯受印。并在不久后趁天象变化而上书灵帝，要求为窦武、陈蕃等人平反，迎回窦太后，并推荐李膺等出任三公。灵帝认为他说得有理，但宦官们纷纷进谗言，改变了灵帝的想法，反而追究张奂的责任，张奂自赴廷尉，被拘留数日，罚俸三月。最终也被罢官回家，禁锢终生。

郎官谢弼上书，也为窦武、陈蕃等人鸣冤，要求迎回窦太后，却被宦官贬职杀害。

宦官等见窦武、陈蕃、李膺、杜密等名望仍在，不肯罢休，于是向灵帝进谗言，诬陷党人“欲图社稷”，意图谋反。年仅 14 岁的汉灵帝被他们欺骗，因而大兴大狱，追查士人一党。

李膺、杜密、翟超、刘儒、荀翌、范滂、虞放等百余人，被下狱处死。在各地陆续被逮捕、杀死、流徙、囚禁的士人，达到六七百名。

此前曾得罪宦官的张俭四处流亡，在路途上，看见人家就前往投宿（望门投止），没有人因冒灭门之险而不收留他的，张俭在众人的帮助下，得以逃到塞外。因为收留他而被灭门的，前后有数十家之多，郡县也因此残破。

是为“第二次党锢之祸”。

九年之后的熹平五年（176）闰五月，永昌太守曹鸾上书为“党人”鸣冤，要求解除禁锢，灵帝不但没有听从，反而收捕并处死曹鸾。接着，灵帝又下诏书，凡是党人门生、故吏、父子、兄弟中任官的，一律罢免，禁锢终生，并牵连五族。党锢的范围扩大，波及更多的无辜者。

中平元年（184）春二月，黄巾之乱兴起，汉灵帝怕党人与黄巾一同作乱，遂于夏四月丁酉日大赦天下。中平六年（189）三月灵帝死，九月董卓掌权，废少帝立献帝，派使者吊祭陈蕃、窦武等人。董卓掌权后，施行暴政，民怨沸腾，各地诸侯纷纷讨伐，直到王允利用貂蝉和吕布施以美人计与反间计才将其杀死。事隔整整二十二年，东汉朝廷才算正式为陈窦等人平反。

在二十多年的党锢之祸中，士大夫阶层饱受重创，然而他们中许多人在危难面前，所表现出来的对于信念、道义、友谊的忠诚，足以感天动地，如自求连坐的皇甫规、慷慨赴死的巴康、冒死收留张俭的众百姓，他们身上都体现了以“同党”为荣、以牺牲为荣的大无畏精神，这也反映了士大夫精神乃至整个中国精神中健朗高洁的一面。

孔子说“君子不党”，那是说在顺境的情况下，不要人云亦云、结伙逐利、丧失自我，而在身处逆境的情况下，君子一党，反而是一种信念和勇气的标志。

桃园结义

黄金在古代一直被认为是金属之王；而兰花则被称为君子之花，其香味被喻为王者之香。黄金和兰花这古已有之的尊贵地位，使得人们长久以来习惯于把比较神圣的事情与两者联系在一起，比如说“金兰之交”。

金兰这个说法来自《世说新语·贤媛》：“山公与嵇、阮一面，契若金兰。”再往上溯，《易经·系辞上》中有云：“二人同心，其利断金；同心之言，其臭如兰。”什么意思呢，就是说朋友交情深厚。后来，根据这些典故，朋友间情投意合，进而结为异姓兄弟或姐妹的，称义结金兰。以前的规矩，义结金兰后，要交换谱帖，叫金兰谱或兰谱，因此还有一个说法叫作“换帖”，也是两个人拜把子结金兰的意思。

按照习惯，结拜的时候每人用一沓红纸写出各自的姓名、生辰、籍贯及父母、祖父和曾祖三代姓名，这叫作“金兰谱”，然后摆上天地牌位，根据年龄的大小，依次焚香叩拜，一起读誓词。比如武侠小说中经常出现的“皇天在上，今日某某和某某结为异姓兄弟，不求同年同月同日生，但求同年同月同日死”之类。

金兰之交最著名的例子大概要数刘关张“桃园三结义”了。虽然据专家考证，在历史上此事存疑，但在民间传说和小说戏剧中，它已经成为一个比历史真实更真实的经典文化事件。元代的《三国志平话》对“桃园三结义”就有生动形象的描写：

“关羽是平阳蒲州解良人，生得神眉凤目，虬髯，面如紫玉，身长九尺二寸，喜看《春秋》《左传》，每每看到乱臣贼子，就心生怒气。后来，因本县官员贪财好贿，残害黎民，关羽一气之下将县令杀了，而后亡命逃遁，跑到涿郡。

涿郡有一本地人，姓张名飞，身长九尺余，声若洪钟，是当地大富人家。这天，他正站在自家门前，恰逢关公走过。张飞见这个汉子生得状貌非俗，于是向前施礼问候。关公便把自己的遭遇告诉了张飞，听了关公一席话，张飞觉得关公有大丈夫之志，于是邀其到酒店共叙。二人把盏相欢，言语相投，好像老朋友一样。

这时，恰巧刘备在街上卖草鞋，卖完后也来酒店中买酒吃。关、张二人见刘备生得相貌不凡，有说不尽的福气。于是，关公向刘备敬一杯酒，这刘备也不客气，一饮而尽。聊了几句之后，三人干脆坐在一个桌子上了。喝了一会儿，张飞说此处说话不方便，请刘、关二人去他家中一叙。在张飞家的后桃园内，三人在亭内摆酒畅饮。席间，三人各序年甲：刘备最长，关公为次，张飞最小。于是，三人结为兄弟，大者为兄，小者为弟，又宰白马祭天，杀乌牛祭地。不求同日生，只愿同日死，三人同行同坐同眠，誓为兄弟。”

时间进入明代，桃园结义的故事在民间已经流传甚久，且版本众多。罗贯中将历代的“结义故事”去粗留精，删除了一些荒诞的成分，写出了“桃园三结义”的经典版本。在《三国演义》中，刘、关、张三人在国难当头，欲投军破贼、保国安民、共举大事这个共同目标的大前提下结为兄弟。这样一来，故事的立意较其他版本为高，朋友关系也拔高了一截。再加上《三国演义》本身就是一部伟大的作品，它的历史背景是真实的，因此，“桃园结义”也更加令人信服了。

在《三国演义》中，刘关张的结局是颇让人扼腕叹息的。先是关羽惨死于东吴之手，张飞急着要去给二哥报仇，却被部下暗算，此时的刘备连续失去两个弟兄，在决策时完全失去理智，不听诸葛亮劝阻，执意发兵攻打东吴，遭遇重大挫败，刘备自己也含恨死去。

转瞬之间，三大巨星就一个追赶着一个似的匆匆陨落，此时距当年桃园之中的豪情花开，也不过二十余年。

但同生共死，本来就是义结金兰者的终极理想。

总角之交

三国争雄之际，血雨腥风，而在这样动荡不安的时代，也开放出许多灿烂的友谊之花，除了刘关张之外，还有周瑜和鲁肃这一对东吴双雄。

周瑜字公瑾，庐江舒县（今安徽庐江西南）人。他年轻有为，志向远大，辅佐孙策和孙权建立东吴政权，并以杰出的军事才能率领吴军，联合刘备于赤壁击败曹军，一战成名。

周瑜堪称中国古代第一位外貌超拔、才情飞扬、品格脱俗的“风流少帅”，而《三国演义》在“妖魔化”曹操的同时，也对周瑜作了“宵小化”处理，他被描绘成一个气量狭小、嫉贤妒能、陷于“既生瑜，何生亮”情结中不能自拔的角色。事实上，周瑜心胸开阔，待人谦恭。程普曾一度和周瑜关系不好，认为自己年龄比周瑜大，职位却没有周瑜高，多次欺辱周瑜，周瑜却从不跟他计较。程普感佩万分，曾对人说：“与周公瑾交往，如同啜饮美酒，不知不觉就醉了！”

周瑜出身士族，自幼刻苦读书，尤喜兵法。年少时与孙策相识，结为生死之交。这种青春年少时结下的友谊，也被称为“总角之交”。后孙策脱离袁术自立，周瑜主动投奔，在孙策平定江东的战争中，起到了谋士和武将的双重作用。孙策待周瑜甚厚，任其为中郎将，又同时迎娶有“国色”之称的美女二乔，成为连襟。

公元200年，孙策早逝，临终前嘱咐孙权“外事不决问周瑜”。因此，孙权继位后，对周瑜十分信任。周瑜除了自己为东吴政权费尽心力之外，还向孙权推荐了不少人才。鲁肃就是其中一位。

鲁肃字子敬，临淮东城（今安徽定远东南）人。他不但治军有方，闻名遐迩，而且虑深思远，见解超人。

鲁肃出身于士族地主家庭，家境相当富裕，他乐善好施，仗义疏财，很有游侠风范。周瑜任居巢长时，闻鲁肃之名，带数百人前去拜访，请他资助一些粮食。当时，鲁肃家有两个大仓，每仓装有三千斛米，周瑜刚说出借粮之意，鲁肃即毫不犹豫，手指其中一仓相赠。经此一事，周瑜确信鲁肃是个与众不同的人物，两人建立了牢不可破的友谊。

在周瑜的引荐下，鲁肃与孙权“合榻对饮”，议论时事。鲁肃向孙权献策说：“汉室不可复兴，曹操不可卒除，为将军计，唯有鼎足江东，以观天下之衅。”这就是后世称为“榻上策”的著名战略构想，堪与诸葛亮《隆中对》相媲美。赤壁大战时，鲁肃为赞军校尉。他首先向孙权提出了联刘拒曹的战略方针，并出使刘备处，促成孙刘联盟。赤壁之战后，鲁肃又从大局出发，力劝孙权把荆州暂时“借”给刘备。

周瑜病逝后，鲁肃任奋武校尉，代领其军。公元215年，刘备夺取了益州后，孙权向刘备索要荆州，刘备不允，双方剑拔弩张。在这紧要关头，鲁肃邀请关羽相见，提出各自将兵马置于百步之外，各带单刀赴会。此次会谈后来被称为“单刀会”。但“单刀”并非关公的大刀，毅然赴会且将对手震慑住的英雄也不是关羽，而是鲁肃。“单刀会”上，鲁肃一番大义凛然的分析，说得关羽唯唯而退。双方经过会谈，缓和了紧张局势。随后，孙权与刘备商定平分荆州，孙刘联盟暂时得以维持。

公元217年，鲁肃在军中病逝。孙权亲临其丧，诸葛亮亦在蜀中为他发丧。鲁肃死后，孙权派吕蒙袭取荆州，孙刘联盟完全破裂，而吴、蜀也最终被各个击破，随之灭亡。

在魏、蜀、吴三足鼎立纷争的局势中，唯独鲁肃始终不渝地坚持孙刘联盟，这是因为他看到了联盟的维持与巩固关系到江东生死存亡的长远利益。这是鲁肃目光远大的过人之处，也是孙权、周瑜、吕蒙、陆逊所不及的地方。有史学家甚至认为，鲁肃是江东最杰出的政治家、军事家和外交家，也只有他才称得上是战略家。

当年鲁肃和周瑜结为好友时，曾掘地接泉，以水当酒，喻示“君子之交”淡如水。后来鲁肃家人将此泉用砖砌成水井，起名“子敬泉”。如今，鲁肃故里临淮镇仍保留“子敬泉”井一口，该井位于池塘正中，上置角亭，井水高于井外池水二尺许，为一奇观。

友谊退兵

紧接着三国的魏晋南北朝，也是历史上有名的乱世，但或许越是乱世，人性的光华才迸发得越发猛烈，对友情的珍视程度也越发空前。

在兵荒马乱之际，友谊的作用，有时抵不上一把匕首，但有时又大过一支军队。这里便说一个关于“友谊退兵”的小故事。

荀巨伯从远方来探视生病的朋友，恰逢胡贼围攻这座城池。卧床不起的朋友对巨伯说：“我现在快死了，您可以赶快离开。”巨伯回答道：“我远道而来看您，您让我离开，败坏‘义’而求活命，哪里是我荀巨伯的行为!”

正在两人相持不下时，贼兵已经闯进，见此情景，十分惊讶，对荀巨伯喝道：“大军一到，全城之人皆逃避一空，你是什么样的男子，竟敢独自留下来?”

巨伯说：“朋友有重病，我不忍心丢下他，宁愿用我的身躯替代朋友的性命。”

贼兵竟被眼前这位男子的话震慑住了。他们互相说道：“我们这些没有道义的人，却闯入了有道义的国土!”便率军撤回。

全城人的生命财产，就这样奇迹般地得到了保全。

这个故事中，最先让人感动的当然是荀巨伯的忘我精神，其次还有“胡贼”，看来他们并非“贼”，而是具有反省精神的“义师”啊!

畏友可敬

陆机和陆云兄弟，不仅学问高超，而且品行高尚，是那种最适合做良师益友的人。而这兄弟俩，也真的都在关键时刻成为“迷途羔羊”的引路人。

周处年轻时，凶暴逞强好斗，被乡里人视为祸害。他和侵扰百姓的义兴河巨蛟、山中恶虎，一起被称为“三害”，其中以周处最为厉害。有的人劝说周处杀虎斩蛟，实在希望“三害”只剩下一害。周处就去刺杀恶虎，又下河击巨蛟，蛟一会儿浮出水面，一会儿又沉没，漂行数十里，周处跟它搏斗在一起，经过了三天三夜，乡里人都说他已经死了，更加值得庆贺。最后周处终于杀了巨蛟上岸。听说乡亲们庆贺的事，才知道自己被视为祸害，便有了悔改之意。于是到吴地去找陆氏兄弟，陆机陆平原不在家，只见到弟弟陆云陆清河，周处就把事情都告诉了他，并说自己想要悔改，但年

纪已大，怕最后没什么成就。清河说："古人以'朝闻道，夕死可矣'的精神为贵，况且你的未来还长着呢。而且人所担心的是不立志，又何必担心名声不显著呢?"周处于是痛改前非，终于成了一名忠臣孝子。

无独有偶。另一位"失足青年"戴渊，则正好让陆机遇见。

戴渊少年时做侠客，不检点自己的行为，曾在江淮之间袭击抢掠商旅。陆机告假回洛阳，所携带的行李很多，戴渊派人抢劫。他自己在岸上，坐在胡床上指挥部下，攻守都很得法。戴渊风姿如神又极聪明，虽然做着很鄙陋的事，神态气度却异于常人。陆机觉得此人有类似慧根的向善之心，于是立在船舱中远远地对他说："你有如此卓越的才华，难道要永远做劫匪吗?"此话如当头棒喝，戴渊听了不禁流泪，扔剑归顺了陆机，言语非常坚决，大有与过去一刀两断的气概。陆机愈发看重他，两人结交，陆机为他写了推荐信。渡江后，戴渊一直官至征西将军。

所谓畏友，所谓严师，即在人生最关键的拐点处加以点拨，一语重似千金，一语能使浪子回头。拥有这样的畏友，难道不是人生最大的幸运吗?

乱世伤逝

人逢乱世，死是容易的。对于死者来说，要死得有尊严；对于悼者来说，则要发自肺腑地真情流露。

《世说新语》中就有两个让人过目不忘的悼亡场面。

一是孙子荆学驴叫。孙子荆因很有才华极少有人能让他推崇钦佩，而他一直尊敬王武子。王武子死时，名士没有不来吊丧的。孙子荆稍后才来，对着王武子的遗体大哭，宾客没有不落泪的。哭完后，他对着灵床说："你常喜欢听我学驴叫，现在我再为你学一次。"学的动作、声音都很像，来宾们都笑了出来。孙子荆抬起头来说："怎么让你们活着，却让这个人死了！"

二是张季鹰弹琴。顾彦先平生爱鼓琴，及至死后，家中的人经常将琴放在灵床上。张季鹰去哭吊他，悲恸难禁，便径直登上灵床弹琴，一连奏了几支曲子。弹完之后，抚摸着琴说："顾彦先，你还能稍微再欣赏一下这琴声吗？"说着又放声痛哭，也没有和孝子握手便出门去了。

真可谓"情到深处人乖张"。

为什么如此乖张？或许，我们可以从经历了丧子之痛的王戎的话中，寻找答案。

王戎的儿子万子死了，山简前来探望他，王戎悲痛得不能自持。山简说："孩子小得只能抱在怀内，何至于悲痛成这样！"王戎说："圣人忘情，最下不及情。情之所钟，正在我辈。"山简感服于他的话，更为之悲痛不已。

"情之所钟"，这有着千钧之力的四个字，正可用来作为理解魏晋名士情感及友谊的一把钥匙。

情之所钟的对象，当然是与自己志同道合、意气相投，甚至愿意同生共死的人。比如支道林和法虔。

法虔去世了，支道林精神不振，风采尽失，常对人说：“过去匠石为了郢人而不再使用斧子，伯牙为了钟子期而停止鼓琴，推己之心以求人之心，的确不假啊！冥友法虔既然已经长逝，我的言谈再也无人欣赏，心中忧郁积结，我大概要死了！”

过了一年，支道林果然死去。

雅集兰亭

王羲之的《兰亭集序》，描述了一幅多么美妙而又有深意的朋友欢聚之景。这就是所谓的“雅集”，雅人们聚集在一起，为友谊干杯，更为人生寻一个欢畅的理由，同时寻一个反思的机会：即在“俯仰终宇宙”的背景下，审视人生、审视友谊。

但既然有反思，个人之间就会有见解上的不同。兰亭雅集在欢声笑语之中，就暗含着王羲之和谢安思想上的交锋。

这次雅集是在永和九年（353），当时王羲之还在会稽做内史，农历三月三，他邀请了会稽四十多位名士，在山阴的兰亭会集，大家曲水流觞，饮酒赋诗。当酒杯顺着流水流到谢安跟前时，按照规矩他就该作诗了。谢安不愧是大才子，诗句喷薄而出，其中最著名的两句是：

万殊混一理，安复觉彭殇。

这两句诗是说：天下万物都是一样的啊，都遵循着天地间自生自灭的规则，这样看来，就再也不会感到那长寿的彭祖和短命的孩子有什么分别，再也不用为生死而悲伤了。它所体现的正是《庄子》“齐万物”的道理。

不过，王羲之并不同意他的观点。这一次，有二十多人当场赋了诗，一共是三十多首。于是，大家公推王羲之把它们合为一集，并写一篇序。他微醉提笔，一蹴而就，写下了《兰亭集序》。这篇诗序得到了人们极高的赞誉，说它是古今第一行书。饶有意味的是，王羲之却在诗序里说“固知一死生为虚诞，齐彭殇为妄作”，意为“这才知道说死和生没什么分别是虚妄的，说长寿和短命没什么分别是胡说”，直接而且尖锐地否定了谢安对《庄子》的推崇。

魏晋所有的名士家族中，尤以王家和谢家最为显赫，具体到个人，王羲之和谢安这两位家族代表最有声望。当然，两个人的人生态度并不是完全一致的。众所周知，魏晋名士主要的生活内容是清谈玄理，这也是被后世诟病的原因。放着工作不干，天天凑到一起闲聊，难免误事。西晋末年王衍的结局更是加重了人们的这一看法。他身居高位，整日组织人们清谈，永嘉中率军十万全部覆灭，本人也死于石勒之手，中原分崩离析，进而天下大乱，三百年战火不熄。相对而言，谢安比较沉溺于清谈之中，而王羲之并非一个纯粹的清谈爱好者，他的思想中有玄儒双修的味道。整个王家从王导、王敦开始，虽然讲求的也是名士风流、清谈玄理，但究其本质，可谓是儒（进取之心）大于道（放达之情），从东晋到南朝，王家在朝廷上居要职的人要比谢家多得多，始终与最高权力者保持着关系；而谢家实际上从西晋末期的谢鲲那里，就已经把这个家族的门风确定了下来，经谢尚、谢奕，到谢万、谢安，再到后来的谢灵运，其心灵是以老庄的放达之情为根本的，投身仕途只是为了保持门第荣耀的延续。也就是说，王家子弟走仕途多是主动的，谢家则是被动的，而且从历史的现实来看，谢家在政治漩涡中远没有王家游刃有余。及至南朝，儒家的权威开始恢复，皇帝们再也不允许那些纵情使性的家伙们要酷了，谢家子弟一时难以适应，最后才有了谢灵运、谢朓等人的悲剧。

正因为有这样的歧见，在兰亭雅集之后，王羲之和谢安又有了一次

"思想交锋"。

这一次是二人携手登冶城。此城为吴国造战鼓的地方。当时，望着眼前的无限江山，谢安悠然远想，流露出超脱尘世的志趣；王羲之则感慨万千，便有了下面的对话。

谢安："人世茫茫，林泉高致，醉卧清谈，这样度过也当不负此生。"

王羲之："我听说古时大禹勤于国事，以致手脚都长了趼子；周文王处理机要，往往忙到半夜，还觉得时间不够用。当下是多事之秋，四郊多垒，战乱不息，这是士大夫的耻辱！值此时刻，每个人都应想着怎么为国家出力。可是，现在从建康到会稽，朋友们整天忙着清谈，以致荒废了政事，这恐怕是不合时宜的吧。"

谢安不动声色，依旧远眺江山："我只知道秦朝经历了两代皇帝就完蛋了，难道也是因为清谈的原因吗？老兄啊，你别矫情了。"

表面上，谢安的话没问题。秦朝二世而亡，因其暴政而失去了人心。而东晋政权结合自身的特点和天下的形势，采取的是无为而治的施政方针，与民宽松，能不管的就不管，难道不好吗？况且，当时上层名士们虽以清谈为生活的主要内容，但并未与下层百姓形成尖锐矛盾，似乎相安无事。于是，王羲之终于没能辩得过未来的丞相谢安。

王羲之和谢安是挚友，两人家境相似，风度相当，而且同样爱好书法和文章，相互切磋，结下了终生的友谊。

还是那句话，"君子和而不同"。

访戴不遇

王羲之的儿子王徽之，字子猷，也是书法大家和风流名士，而他在为人处世方面，似乎要比其父更放任、自我一些。

王子猷住在山阴，一天夜里下起大雪，一觉醒来，开门启窗，命人斟酒，四下一望，白茫茫一片。于是起身徘徊，口中诵咏着左思的《招隐诗》，忽然思念起好友戴安道来。当时戴安道正在剡溪，王子猷思友心切，立即连夜乘坐小船去找他。船走了一夜才到，可到了戴家门口，他却不进去，转身又返回了山阴住处。有人问他原因，王子猷说："我原本就是凭着兴致而去，兴致尽了自然就该回来，何必一定要见到戴安道!"

还是这个王子猷，不久又上演了一出"满足个人兴致"的好戏，仿佛今天的行为艺术。

当时王子猷离开都城赴任，把船停在岸边。他过去听说桓子野善于吹笛子，但两人互不相识。正巧桓子野从岸上路过，王子猷坐在船中，同行客人有认识桓子野的，告诉他说那就是桓子野，王子猷就派人通报："听说你笛子吹得很好，请为我吹奏一曲。"桓子野当时地位已很显贵，很早就听说过王子猷的大名，马上就转回，下车，坐在胡床上，为他吹奏了三曲。奏完，上车就走。主客二人始终没有交谈一句。

表面看来，王子猷有点以自我为中心，友情是为"我"服务的，但在魏晋时代一片悲戚和感伤之中，它反而成为一种明朗的亮色。

其次，从中可以看出戴安道和桓子野对于这位有些莫名其妙的朋友的理解和宽容。尤其是桓子野，能做到这样谦虚乃至谦卑，实在不易。

他们都是真正的“好对手”，不仅识趣，而且能助兴，唯此才能帮助王子猷完成“行为艺术”。

更耐人寻味的是，王桓两人始终没有交谈一句，王戴两人甚至没照面，仿佛默片，但万千兴致尽在不言中了，这无疑是友谊的最高境界，而“雪夜访友”和“临水吹笛”这两个场景，也成为中国名士友谊的最美画面。

铮铮铁骨

魏晋南北朝，一向被看成中国历史上最黑暗污浊的时期，但在那残暴统治和虚伪名教的高压之下，仍然有一批文人，听从自己的内心召唤，自由自在地生活着。他们洒脱放任，他们不拘礼法，他们就是在一片青翠之下恣意酣畅的“竹林七贤”。

嵇康是竹林七贤的中心人物，他英俊潇洒，多才多艺，放荡不羁；他反传统，反世俗，更反权贵……他几乎算是一个十全十美的男人，连同为“竹林七贤”的山涛也赞叹道：“嵇叔夜之为人也，岩岩若孤松之独立。其醉也，傀俄若玉山之将崩。”这才是真正的玉树临风啊。可是，像嵇康这么一位“才貌双全”的人物，却欢欢喜喜地干起了铁匠的工作，不仅练就了一身疙瘩肉和超级健美的身材，还吸引了另一个美男子来打下手，那就是向秀。

向秀也是七贤之一，名气不如嵇康和阮籍，相对比较平庸。向秀与嵇康的友谊是平淡无华的，这也是向秀性格使然，他敬佩嵇康的为人和作风，所以默不作声地陪他打铁，没有利益需求，也没有政治目的，就只是为了陪着朋友。这样的友情，仿佛平淡到可有可无，不过，嵇康心里明白，只要一回首，向秀就会在那里。这是最实在的朋友，这种友情就像白开水一样，丰衣足食的时候一点也不重要，但在沙漠中跋涉时，便是甘泉！

与向秀不同，嵇康与山涛的友谊是举世闻名的，和白开水友谊相反，他们之间的友谊非常戏剧化。山涛身上没有嵇康那种“越名教而任自然”的勇气。纵酒时只喝八斗，多一钱也不干，不像其他人，要喝到烂醉如泥方才罢休。他走入仕途，兢兢业业地做官，谦虚谨慎地做人，也不似嵇、阮一般狂放不羁，青眼白眼特别分明。所以，比起嵇康来说，山涛俗了一点，也中庸了一点。尽管这样，大家也都喜欢他，他像一位长者，温和而真诚。王戎曾称赞他的品行“如璞玉浑金”。和嵇康不同，山涛并不拒绝司马氏集团，他的官职很高，为官期间勤政爱民，深得百姓爱戴。后来，山涛的官职又做大了，于是他举荐好友嵇康来接替自己的旧职。嵇康知道了这件事后，洋洋洒洒写了一篇一千七百余字的《与山巨源绝交书》，在文中，他说“恐足下羞庖人之独割，引尸祝以自助，手荐鸾刀，漫之膻腥”。意思说恐怕您不好意思独自做官，要拉我充当助手，正像厨师羞于一个人做菜，要拉祭师来帮忙一样，这等于使我手执屠刀，也沾上一身腥臊气味。在信的结尾他又写道：您若不是和我有深仇大恨，是绝不会这么做的。

山涛看了这封绝交信是何等心情，我们不得而知。遇到嵇康这样一位朋友，任何人都无可奈何。

嵇康的性情最终使他惹了大祸，因为替好友吕安辩护而双双被处死。嵇康与吕安之死，事出于吕安的哥哥污辱了吕安的妻子并且嫁祸于吕安。狱中的吕安向嵇康求救，嵇康义不容辞地将此事揽了下来。这里还有一段要提的往事，当时的权贵钟会曾经去拜访过嵇康，因没有受到嵇康的礼遇而怀恨在心。于是吕安的哥哥便与钟会联手，致嵇康吕安于死地。

临刑前，嵇康对儿子嵇绍说：“只要山涛伯伯在，你就不会成为孤儿。”（“巨源在，汝不孤矣。”）对嵇康的临终遗言，很多人不解：他们不是已经绝交了吗？在生死关头，为何嵇康还要把儿子托付给自己曾经百般嘲讽过的兄长？山涛真的会照顾“仇人”的孩子嵇绍吗？

嵇康没有托付错人，山涛一直悉心照料着嵇绍，在嵇绍长大后还推荐他做了官。嵇绍和他的父亲不一样，他对朝廷忠心耿耿，在八王之乱

中，为保护晋惠帝，被贼兵杀死。

和赵氏孤儿一样，嵇康托孤也是友谊的伟大升华。这是一种生死相托的信任，不需要任何言语，在危难之际，这种朋友是最给力的支柱，是最后的港湾。如果换作是山涛上了断头台，不用说，嵇康也一定会尽力照顾他的家人。

人们一直都把《与山巨源绝交书》看成是一篇讽喻之作，但从另一个角度看，其中却暗藏“玄机”。山涛和嵇康的友谊在当时是众所周知的，这样的关系使山涛的处境很尴尬，他忠于司马氏集团，希望在政治上有所作为，可是偏偏有那样一位让统治者恨之入骨的朋友。对这一点山涛不能说不在乎，但他更在乎的是他的朋友，在那样的污浊的社会里，他清楚朋友的放任会带来怎样的后果。于是，他举荐嵇康为官，希望他不要与朝廷为敌。而嵇康的这篇绝交书，表面上羞辱的是山涛，而实际上痛骂的却是司马氏集团。让嵇康更高兴的是，此篇一出，在旁人看来，山涛与嵇康已经“撇清”关系了，朝中那些居心叵测的奸佞之臣自然也就不会拿嵇康告山涛的状了。一篇文章，既表明了自己的立场，又保护了朋友，这就是嵇康的大智慧。

嵇康和吕安死后，本亦归隐不仕的向秀出山为官了。他在上京述职回来途中，路过嵇康故居，当时正可见斜阳迫近西山，冰霜凄然。忽然巷中有笛声飘来，如青烟袅袅。可以想象，当时的向秀站在嵇康的故居前，金色余晖落在他的脸上。他眼见那满庭的枯草惨淡摇曳，不禁睹物思故人，悠悠笛声使他心绪更加难平。当年的嵇康，天下善音律者莫过于他。但现在眼前的只是残枝败叶，耳边只是邻人的笛声。他怎么能不想念嵇康，那样一个洒脱不羁的人，世上再也不会有了。所以感慨万分，写下传颂千古的《思旧赋》。

将命适于远京兮，遂旋反而北徂。
济黄河以泛舟兮，经山阳之旧居。
瞻旷野之萧条兮，息余驾乎城隅。
践二子之遗迹兮，历穷巷之空庐。
叹黍离之愍周兮，悲麦秀于殷墟。
惟古昔以怀今兮，心徘徊以踌躇。
栋宇存而弗毁兮，形神逝其焉如。
昔李斯之受罪兮，叹黄犬而长吟。
悼嵇生之永辞兮，顾日影而弹琴。
托运遇于领会兮，寄余命于寸阴。
听鸣笛之慷慨兮，妙声绝而复寻。
停驾言其将迈兮，遂援翰而写心。

高僧大帝

玄奘是中国佛教史上贡献最大的人物，无论从学识、毅力还是品质上衡量，他都具有超拔的气势，而他与唐太宗、唐高宗两代帝王之间的友谊，也有着超凡脱俗的地方。

玄奘九死一生地从西天取经回到大唐长安时，举国震动，万民膜拜，但让他没有想到的是，旷世明君唐太宗会也对他发出“朕共师相逢晚”的感叹。

本来，作为有胡人血统的李家王朝，尤其是太宗李世民，为了表明其正统，是把老子李聃当成自家先人供奉的。贞观十一年（637），太宗就下诏称“老子是朕祖先”。因此，李氏王朝尊崇老子是从血脉的根上结出的果。至于佛教，唐之初年并不兴盛。众所周知，自两汉到魏晋，佛教的传播迅速而广泛。南朝时期，佛教差不多就要一统天下了。但是到了隋唐，佛教比之南朝的梁、陈来说，基本上是式微了。在玄奘未归唐前，太宗把佛教列于老子道教之后。就连玄奘决心西去取经求法时，也是在“不蒙允许”“私往天竺”的情况下走出国门的。不过，当玄奘学成归国，当太宗营造贞观太平的时代时，历史不但给予了一个千辛万苦求学的高僧以无上荣耀，同时也烘托出一个一代明君的光辉形象。这便是大唐的气度、海量和雅量。

就来看看让今天的人会生出许多感慨的故事吧。

玄奘出国 17 年后，于贞观十八年（644）岁末终于回到了于阗。在于阗，玄奘即陈表朝廷，郑重其事地表明他已回到大唐。在“表”中，玄奘并没有多说他在途中之艰苦，只表明了他“无顾生命”，取回“胜典”，以利传法的誓愿。玄奘到达敦煌时，再上表朝廷。这时，在东京洛阳的太宗立即叫留守西京长安的房玄龄迎接西归的玄奘，房玄龄即派官员迎接。《大慈恩寺三藏法师传》里有一句现在看来非常温馨的话，就是当玄奘在敦煌上表到洛阳时，帝“知法师渐近”。一位国家大事在心而且又正在筹划征辽东的帝王，竟然如此细心地安排一位出访归来的高僧住行。由此可以推测：玄奘在西方诸国求学讲法的基本情况他是了解的，而且可能对玄奘在那烂陀寺开讲和论辩所取得的惊人业绩是有所闻的。在玄奘与太宗第一次见面时，太宗对玄奘的第一句话是：“师去何不相报？”太宗这句话今天解读，也许至少有两层含义。一是出访这么一件大事怎么不报告一声；二是，这么大的一个盛举，出门时，朝廷也应做出相应的反应呀。无论是前者还是后者，实际上太宗也没责怪玄奘的意思，只不过，君臣之间，总有些纲常礼数要遵守罢了。而在太宗，这一问询更显得平易与亲热了。等听了玄奘的简明扼要的介绍后，太宗立即对玄奘给予极高的赞赏。太宗说，僧“能委命求法，惠利苍生”，不仅是吾国吾民之大幸，而且“朕甚嘉焉”。接着，太宗便让玄奘写一部西行的所见所闻——这就是后来由玄奘口述、弟子辩机记录的名著《大唐西域记》。

从此以后，玄奘与太宗不仅保持着密切交往，而且在交往中君臣之间始终充满着和睦氛围。尤其难能可贵的是，作为君主的太宗不强人所难。第一件事是，太宗见玄奘有如此丰富的经历和学识，希望玄奘去道还俗以助帝力，但是在玄奘谢绝时，太宗并不强求，而且给予了玄奘很好的译经条件。第二件事是，太宗征辽东时，太宗希望玄奘“共师东行”，不是需要玄奘在军事上有所教益，而是“指麾之外，别更谈叙”。也就是说，在太宗征战间隙，太宗希望玄奘陪着他“侃大山”。或者说，征战间隙，太宗希望在佛法上有所长进和有所启示。但玄奘仍然谢绝了。而且饶有兴趣的是，玄奘谢绝的原因是脚力有疾。一开始，太宗不解，一个能行五万里而且什么艰险都遇过的玄奘，怎么脚力会不行呢？玄奘的理由，一是太宗东征一定会有昆阳之捷，一定会有牧野之功；二是，玄奘对太宗说，佛是不愿看到流血的战事的，所以他是不能陪同的。这两条理由都很充分，于是太宗便不再相逼。可见，太宗与玄奘在君臣关系之外，已经有了一层相互理解的朋友关系了。当然，太宗也有不按玄奘的话安排的事。玄奘想到少林译经，但太宗不允。太宗将其安排至新修不久的长安弘福寺里。因为弘福寺是太宗给其母太穆皇后修的寺院，叫玄奘在此译经，也算是太宗的孝心和太宗给予世人臣民的大德。还有一说，称太宗不愿意让玄奘离得太远。太远了，不能随传随到地叫玄奘进宫来“侃大山”。

此前的君王与臣子，此后的君王与臣子，恐怕都罕有像太宗与玄奘这样和睦的关系。到了太宗之子高宗接任大唐帝位后，高宗像其父亲一样，永远视玄奘为座上宾。

永徽三年（652），高宗应玄奘之求下诏修造藏经塔。在此之前，太宗非常庄重地给玄奘的译经写下了《大唐三藏圣教序》，高宗又写下了《大唐皇帝述三藏圣教序记》。这一佛教盛事，在长安轰动一时。塔以砖砌成，通高一百八十尺，共有五层，每层都有经书存放，且中心藏有舍利，总数一万余粒。在塔的南面矗立两块碑刻，一块是太宗的《大唐三藏圣教序》，另一块则是高宗的《大唐皇帝述三藏圣教序记》。两块碑刻的字都出自一代书家褚遂良之手。在玄奘与高宗交往的过程中，有一件事也很值得一说。唐高宗年间，高祖李渊的婕妤（即嫔妃）河东郡夫人要出家，高宗依了河东郡夫人的志向，下一诏同意，接着专门请来玄奘在鹤林寺为其主持道场。整个法事共进行了三天，三天都由玄奘一人主持，可见高宗的礼数和玄奘的虔敬。就为了这一件事，高宗还专门叫太尉长孙无忌撰文给在朝大臣们传看，以示此佛事盛举，以示李唐王朝昌明。

随着时光推移，加之西行路上曾经的种种磨难，玄奘身体每况愈下。就在显庆元年（656），玄奘因热伤风引起大病。在寺里几经治疗都无好转，已“几将不济”。直到此时，才报告朝廷。于是高宗即令御医专看。不仅如此，“所需药”皆由内庭供送，而且高宗还时时打听玄奘的病情。由于高宗的敕令，太医们昼夜不离，玄奘的病终于好转。到了此时，玄奘与高宗的情谊又加深了一层。就在显庆元年，皇后武媚娘难产，高宗让玄奘进宫讲法护佑。玄奘对皇后说，这不会有什么大事的，一切都有佛法护佑。请帝后都放心，只是，他玄奘有一事相求：如果皇后生的是一个男孩，等母子平安时，让这个男孩剃度出家。痛苦地躺在产床、已经皈依了佛教的皇后当即就答应了玄奘的请求。几天后，皇后果然生下一个男孩，且母子平安，高宗和武后夫妇遵守诺言，让这个男孩成了“佛光王”。当新生儿哇哇啼哭时，当武媚娘作为女人当了母亲时，透过历史的帷幕，我们可以看见一位高僧给皇家带来的快乐与祥和，更可以看见一种超越了君臣伦常的友谊。

这，实在是中国帝王史上难能可贵的温情时刻。

天涯比邻

唐代是民族大融合、文化大碰撞、东西大交流、南北大沟通的年代，也是“好男儿志在四方”的年代。既然志在云端、路在远方，那么离别也就十分寻常。离别诗作为唐诗宝库中的重要矿藏，成为时代的见证，也成为友谊的见证。

“海内存知己，天涯若比邻。无为在歧路，儿女共沾巾”，年轻是不相信眼泪的，青春是不需要伤感的。是啊，写作此诗的时候，王勃才二十二岁。海内、天涯一联，把友谊抬高到一个恢宏的境界，成为千古传诵的名句。

王维毕竟年岁大了一些，再加上诗人的身份，想必是识尽愁滋味了，所以当离别降临的时候，他这样写道：“劝君更尽一杯酒，西出阳关无故人。”

瞧，刚有一点伤感的情绪，又给高适扳了回来——

“莫愁前路无知己，天下谁人不识君。”这是唐朝著名诗人高适在《别董大》中的诗句。

纵观中国音乐史，“董大”乃一代名手。他原名董庭兰（约695—765），甘肃陇西人，唐开元、天宝年间的著名琴师。善吹西域龟兹（今新疆库车县）古乐器觱篥和弹奏中原古乐器七弦琴（也叫古琴、瑶琴，与弈棋、书法、绘画同为古代文人必须掌握的四种技艺之一，是我国古代最有名气的弦乐器）。由于七弦琴十分古老，难得知音，当时西域音乐又盛极一时，董庭兰虽然身怀“绝艺”，但和者寡，于是，董庭兰刻苦钻研觱篥的演奏艺术，并常与西域乐师交流技艺，到市井村邑为百姓演出，也到楼馆茶座为名流学士吹奏，技艺提高很快，成为当时最负盛名的觱篥演奏家。

董庭兰一生清贫，高适曾在诗中说他：“丈夫贫贱应未足，今日相逢无酒钱。”他六十岁以前，几乎都是在其家乡陇西山村中度过的。但是他在文人圈的朋友却很多，当时众多的诗人都与他有交往，并在诗中描写了他的琴艺，最为著名的就是李颀的《听董大弹胡笳弄兼寄予房给事》：“董夫子，通神明，深山窃听来妖精。言迟更速皆应手，将往复旋如有情。空山百鸟散还合，万里浮云阴且晴。嘶酸雏雁失群夜，断绝胡儿恋母声。川为净其波，鸟亦罢其鸣。乌孙部落家乡远，逻娑沙尘哀怨生。幽音变调忽飘洒，长风吹林雨堕瓦。迸泉飒飒飞木末，野鹿呦呦走堂下。长安城连东掖垣，凤凰池对青琐门。高才脱略名与利，日夕望君抱琴至。”

董庭兰的为人和影响，在当时的诗文中多有描述。从高适的“莫愁前路无知己，天下谁人不识君”中，颇能反映出一代名手誉满天下的盛况。

而与高适同为边塞诗人的岑参，则写下了另一首情真意切的佳作《逢入京使》：

故园东望路漫漫，双袖龙钟泪不干。
马上相逢无纸笔，凭君传语报平安。

不知这位入京使是不是熟人，但无论是不是熟人，都会珍惜这短暂的相逢、珍惜这真诚的信任、珍惜这郑重的嘱托，就像为苏武传信的鸿雁那样，尽快向中原飞奔而去，把话带给诗人望眼欲穿的眷属。

在历经安史之乱后，唐王朝国力一落千丈，豪情难再，感伤之风也开始在诗坛吹拂。这一日，劫后余生的杜甫，在一个偶然的机会下与老友李龟年重逢，他感慨万千，写下一首“影视流”般的七绝：

岐王宅里寻常见，崔九堂前几度闻。
正是江南好风景，落花时节又逢君。

此诗就如同电影中的蒙太奇，将友谊之花绽放的片段串联在一起，而镜头摇曳之间，已经物是人非，沧海桑田。

友谊并非“食色”，并不笼罩我们的全部生活，友人并非家人，并不嵌入生活的每个角落，有时我们甚至会将他们淡忘。但友谊却善于选准时机“在场”，总会在那些最值得我们回忆的时刻，散发出别样的光芒。

沧海余生

唐朝大诗人李白在我国家喻户晓，但他有一位日本友人晁衡却鲜为人知。说起李晁之交，真是充满了传奇色彩。我们从李白写的《哭晁卿衡》一诗中，便可了解其中原委。其诗曰：

日本晁卿辞帝都，征帆一片绕蓬壶。
明月不归沉碧海，白云愁色满苍梧。

晁衡何许人也，李白为何写悼诗呢？原来，晁衡来自日本，原名叫阿倍仲麻吕。唐玄宗开元五年（717）随日本第九次遣唐使团来中国留学，并改用中国姓名晁衡。他好学聪敏，不仅通汉语，还善于吟诗。学成后受到皇帝器重，留在朝廷内做官。其间，恰好李白、王维等著名诗人被召进宫出仕，很快与晁衡结识，并成为至交好友，一起饮酒，吟诗唱和，彼此之间情深义重。天宝十二载（753），晁衡以唐朝使者身份，随同日本第十一次遣唐使团乘船返国办事省亲。临行前朝廷举行隆重送别仪式，唐玄宗亲自题诗相送，许多友人也纷纷吟诗赠别，充分表达对这位日本友人依依惜别之情和良好祝愿。其中，王维写的《送秘书晁监还日本国》一首最为深切感人。其诗曰：“积水不可极，安知沧海东！九州何处远？万里若乘空。向国惟看日，归帆但信风。鳌身映天黑，鱼眼射波红。乡树扶桑外，主人孤岛中。别离方异域，音信若为通！”诗中既形象地抒发了送别晁衡时难舍难分的深情厚谊，也坦然表露了对好友这一别无限惆怅、迷惘、忧虑的心绪。

那时，李白早已离开皇宫，离开京城长安。但听说挚友晁衡要归国，也赶来送行。之后，李白便到金陵一带游览去了。但没过多久，就传来晁衡船队海上遭遇风暴，已溺死在茫茫大海中的噩耗。李白一听到这个不幸的消息，悲痛欲绝。于是，当即写下这首悼诗，寄托对故友的无限缅怀。诗题中用了一个“哭”字，就高度概括了对遇难至交万分哀惜的心境，连天上的“白云”，瞬间也变成白色愁云。天上白云本是无情，在这里李白运用拟人化的艺术手法，巧妙借用白云的哀愁来衬托自己的哀愁，把对故友亡命大海的痛苦心情表达得淋漓尽致而又含蓄委婉。尽管李白在宫中不到两年时间，但是对这位异邦之友却情同手足。在李白心目中，这位晁卿，不仅才华横溢，而且品德高尚。因而，诗人把晁卿比作天上的明月，其人品像明月一样高洁、高贵，给予这位异邦之友以高度评价。而故友沉没大海恰似“明月不归沉碧海”，怎能不令人万分痛惜神伤呢！李白与晁衡这种至纯至洁之交，在盛唐时代文坛诗坛上传为佳话，在中日友好史册上也是一曲响彻云霄的友谊之歌。

令人感慨的是，看不见的命运之手，给了深情的李白一个大大的回报。据史载，这次海难，晁衡并未遇难，而是被渔民搭救上岸，奇迹般生还。经过当地百姓的精心照料，晁衡很快恢复健康，辗转万里回到京都长安。大唐皇帝、文武百官，皆大欢喜。在江南漫游的李白知悉这一喜讯，更是欣喜若狂。回到京都的晁衡，继续出仕，效力朝廷，历经玄宗、肃宗、代宗三朝，可谓“三朝元老”，大历五年（770）卒于京城长安。在此之前，李白于宝应元年（762）卒于安徽当涂。两人之交一直延续到生命的最后一刻，不能不令人赞叹不已。

重读这段故事，相信每一个有情人，都会从李晁神奇之交中受到洗礼、启迪，努力去谱写促进国与国之间和谐和平的新篇章。

日 月 相 会

那一年（天宝三年，即公元744年），他们在杜甫父亲杜闲的洛阳家中相识。当时，李白四十四岁，因不为权贵所容而被唐明皇赐金放还，而小他十一岁的杜甫则在十年前考进士不第后，一直游历四方，正好这个时候游到了东都洛阳。这或许就是所谓的“宿命”的相遇吧。

两人不仅有诗歌的往来，而且共度了一段美好时光。杜甫在诗中描写当时的情形是：“余亦东蒙客，怜君如兄弟。醉眠秋共被，携手日同行。”李白当时已经是诗名远扬的大诗人了，而杜甫还默默无闻。但两人却一见如故，惺惺相惜。他们经常举杯畅饮，携手同游，谈诗论文，议论时事，谈得非常投机。杜甫后来在《寄李十二白二十韵》一诗中写道：“剧谈怜野逸，嗜酒见天真。”说的是自己和李白高谈阔论，而醉后的李白最能表现出他的个性本色，最能张扬他的人格魅力。

闻一多先生认为李杜的相遇是中国文学史上最为激动人心的一刻，或许只有老子与孔子的相遇能与之相比，并把这次相遇比作“太阳和月亮的相碰”。但他们的交往，又是那么短暂。相识已是太晚，作别又是匆忙，李白的送别诗：“飞蓬各自远，且尽手中杯。”从此二人再也没有见面。多情的杜甫在这以后一直处于对李白的思念之中，不管流落何地都能写出刻骨铭心的诗句；李白应该也在思念吧，但他步履放达、交游广泛，杜甫的名字再也没有在他的诗中出现。

天宝十五载（756），李白参加了永王起兵与肃宗争夺皇位的行动，被唐中央王朝所敌视。此时的李白是孤独而落魄的，但是，却有一个人，对李白的崇敬并没有随着朝中的舆论而改变。他写诗为李白抱不平、为其剖白辩护。他说“处士祢衡后，诸生原宪贫。稻粱求未足，薏苡谤何频！”意思是李白之下庐山从永王，乃是为生活所迫要讨碗饭吃，并非有什么野心，甚至于愤怒地喊出了“世人皆欲杀，吾意独怜才”。在众人对李白避之不及的情况下，此人却句句为李白开脱，真可谓用心良苦啊！而这位与李白患难见真情的诗人，就是杜甫！

杜甫对李白的信任，是他对李白的崇敬之情根深蒂固的体现。用现代的话来说，就是一名“粉丝”。两人相识时，杜甫得到成名已久的李白的青睐，已有些“受宠若惊”，随着和李白交往的日益加深，杜甫对李白的诗歌才情、人格魅力和人生态度更加钦佩，于是甘为“粉丝”了。

首先，杜甫对李白高妙洒脱、行云流水的诗歌才情推崇备至。

当时的李白已经被尊称为“诗仙”，他天马行空的想象、豪放飘逸的风格、清水芙蓉的美学姿态，对同时期的诗人有很大的吸引力。相处的那段时间里，两人时常喝酒论文，李白的诗歌造诣必定对杜甫的诗歌创作产生一定的影响。曾有观点认为，杜甫《登兖州城楼》诗中“浮云连海岱，平野入青徐”与李白诗句“秋波落泗水，海色明徂徕”“青山横北郭，白水绕东城”句式相似，视野比以前更开阔了。于是后人猜想，李杜相处的那段时间里，李白帮杜甫改诗。

而杜甫在和李白的交流中，除了能吸收经验外，还感受到了李白的天才放逸。他后来在《春日忆李白》中写道：“白也诗无敌，飘然思不群。清新庾开府，俊逸鲍参军。渭北春天树，江东日暮云。何时一樽酒，重与细论文。”也就是说，杜甫认为庾信的诗清新而不俊逸，鲍照的诗俊逸而不清新，但李白的诗兼而有之，其清新俊逸之风实在是无人可以匹敌的。而《寄李十二白二十韵》中更有：“笔落惊风雨，诗成泣鬼神。”这两句便是历来最受传颂的描写李白的名句，以高度夸张的语言，形容李白诗歌艺术的强大力量，从中可以看出杜甫对李白发自肺腑的崇敬。

其次，杜甫景仰李白求仙问道、超然世外的人生态度。

神仙道教信仰在李白思想中占有重要地位，他的不少诗表现出人生如梦、及时行乐的思想，其实是渴望任随自然、融入自然，从而实现对于人生自由的向往。贺知章曾称他为“谪仙人”，他也以“谪仙人”自居，其人格上最突出的特点便是独立不羁，不受任何约束。

李白超凡脱俗的气质，与自然合而为一的潇洒风神给人一种高深莫测的感觉，让杜甫景仰不已。于是杜甫跟着李白一起去名山大川寻仙访道。《与李十二白同寻范十隐居》一诗记述了他们寻访范道士一事，并借此抒发二人的真挚友情。而《赠李白》一诗中有“亦有梁宋游，方期拾瑶草”，道出杜甫自己也早就有出游梁、宋的打算，正在期望与李白同游梁、宋，拾瑶草、采玉芝。杜甫和李白分别后，他在长安感受到了人世冷暖，对李白纯真的友情更加珍重，对与李白一起度过的自由放任的日子更加思念。他甚至后悔没有与李白一道隐居山林，却跑到长安来看人冷眼，寄人篱下……虽然杜甫最终还是近儒多于近道，但是李杜交往的时期，杜甫的求仙诗和游侠诗明显要豪放、大气得多，就连性格上也旷达了许多，所以与李白一起求仙问道的经历是他永生难忘的。

其三，杜甫崇敬李白快意恩仇、笑傲王侯的人格魅力。

杜甫的《饮中八仙歌》把李白的酒仙和诗仙形象描写得淋漓尽致：“李白一斗诗百篇，长安市上酒家眠。天子呼来不上船，自称臣是酒中仙。”当然，李白不光是酒徒，他还是时代的骄子，具有“安能摧眉折腰事权贵”的独立人格，再加上过分理想化的人生目标和心高气傲的性格，注定会被现实打击得遍体鳞伤。其中最大的挫折莫过于前面提到的追随永王起兵事件。李白被判罪流放夜郎，杜甫写下《天末怀李白》：“凉风起天末，君子意如何？鸿雁几时到，江湖秋水多。文章憎命达，魑魅喜人过。应共冤魂语，投诗赠汨罗。”

其中“文章憎命达，魑魅喜人过”一联，意谓文才出众者总是命运曲折，语极悲愤，隐喻李白长流夜郎是遭人诬陷。而最后两句，杜甫很自然地联想到被谗放逐、自沉汨罗的爱国诗人屈原，认为李白的遭遇与其十分相似，屈原是含冤而死，李白是含冤被流放。杜甫自始至终都相信着他的好友，这表明他对李白人格的认识之深、敬佩之甚。庆幸的是，在杜甫作诗的时候，李白已遇赦放还，南游洞庭去了，故有诗“两岸猿声啼不住，轻舟已过万重山”。而杜甫的牵挂和怀念，却还在持续着……

这两位诗坛巨匠间的忘年之谊实在让人动容。可以说，李白无论是人格还是创作，都对杜甫产生了关键性的启迪，而杜甫对于李白诗歌的推崇极大地扩大了李白诗歌的影响，而且为后人欣赏李白的诗歌指引了一个方向。虽然当时杜甫的名望不及李白，但是后人对杜甫诗歌的评价上升到和李白同样的高度。

李杜友谊中，虽在浓度和投入程度上有不均衡的地方，但就像太阳和月亮，无法掩其光芒。

元白之缘

李白杜甫结交之后，真正在一起的时间很短，基本上都处于天各一方、“飞蓬各自远”的状态，偶尔的诗歌唱和，也是通过书信往来的。白居易、元稹的情况大不一样，他们于贞元末年相识之后，因为志同道合，命运也相似，因此能够“死生契阔者三十载，歌诗唱和者九百章”（白居易《祭元微之文》）。

如果说，李白、杜甫的友情略带悲剧色彩的话，白居易、元稹的友情则应属于喜剧，充溢着“小确幸”。李白、杜甫都没能实现自己的政治理想，仕途都坎坷而短暂，友情的传送渠道也极不通畅。而白居易、元稹两人虽然也并非一帆风顺，但都称得上仕途通达，白居易位至刑部尚书，元稹做到同中书门下平章事，即宰相；两人有很多时间在一起诗酒酬唱，即便是短暂的分离，也有条件派遣使者快马传递他们的唱和诗篇。

白居易、元稹的交往不但时间长久，诗歌唱和数量巨大，交情也十分深厚。白居易自己说是“金石胶漆，未足为喻”（《祭元微之文》）。他们之间，曾经有“千里神交，若合符契”的奇迹发生。《本事诗·征异第五》记载，元稹为御史，奉派到梓潼（今四川江油一带）办案。白居易在京城，跟一班名流游览慈恩寺（大雁塔），于花下小酌。当时白居易写了一首诗寄给元稹，诗是这样写的：

花时同醉破春愁，醉折花枝当酒筹。
忽忆故人天际去，计程今日到梁州。

——《同李十一醉忆元九》

凑巧的是，元稹当时正好走到梁州（今陕西城固以西的汉水流域）

褒城，而且也在同一时间里寄出了一首《梁州梦》诗，诗是这样写的：

梦君同绕曲江头，也向慈恩院院游。
亭吏呼人排去马，所惊身在古梁州。

元稹梦中所见，完全符合白居易的生活情形！这恐怕就是“心灵感应”了。

白居易、元稹唱和频繁，不在一处的时候，通常以竹筒贮诗派人递送，“竹筒递送”遂成诗坛佳话。两人唱和诗篇的数量，白居易自己说是九百多首，其实应该有一千多首。有的时候，一次就能唱和上百首。白居易《因继集重序》云：“去年，微之取予《长庆集》中诗未对答者五十七首追和之，合一百一十四首寄来，题为《因继集》卷之一。今年，予复以近诗五十首寄去。微之不逾月，依韵尽和，合一百首，又寄来，题为《因继集》卷之二……”无怪乎白居易说自己与元稹的唱和之多，“从古未有”。

元稹、白居易的唱和，多数是应酬之作，套话、场面话而已。但是，数量也能说明一些问题，至少可以说明他们两人互相关注、交往密切，是无人可比的。他们毕竟都是优秀的诗人，唱和中自然也不乏深情动人之作。例如元稹的《闻乐天授江州司马》，诗云：

残灯无焰影幢幢，此夕闻君谪九江。
垂死病中惊坐起，暗风吹雨入寒窗。

再比如白居易的《山中与元九书，因题书后》，诗云：

忆昔封书与君夜，金銮殿后欲明天。
今夜封书在何处，庐山庵里晚灯前。
笼鸟槛猿俱未死，人间相见是何年。

元稹早于白居易十六年去世，元稹之死，留给白居易的悲痛是巨大的。元稹去世的时候，白居易追忆起元稹官拜左丞相，自越中返回长安，经过洛阳、酒后临别之际，赠给自己的两首诗：

君应怪我留连久，我欲与君辞别难。
白头徒侣渐稀少，明日恐君无此欢。

自识君来三度别，这回白尽老髭须。
恋君不去君须会，知得后回相见无。
——《过东都别乐天二首》

接到元稹的死讯，白居易悲痛之际，万感交怀，他马上就意识到，这两首诗无异于老朋友即将逝去的征兆！白居易于是做了两首悼亡诗：

八月凉风吹白幕，寝门廊下哭微之。
妻孥朋友来相吊，唯道皇天无所知！

文章卓荦生无敌，风骨英灵殁有神。
哭送咸阳北原上，可能随例作灰尘？
——《哭微之二首》

这就是“心灵感应”的至高境地。

这就是唐代，一个多情、深情的大时代，一个将魏晋之“情有独钟”发扬得更加敞亮、明朗、厚重的时代。

相看不厌

唐代有两位著名诗僧，一位叫寒山，另一位叫拾得。

寒山是个诗僧，更是个怪僧，曾隐居在天台山寒岩，因名寒山。他的诗写得很美，但性情却十分怪僻，常常跑到各寺庙中“望空噪骂”。和尚们都说他疯了，他便哂笑而去。

寒山曾在天台山国清寺当过厨僧，与寺中的拾得和尚一见如故，情同手足。拾得是个苦命人，刚出世便被父母遗弃，抛弃在荒郊，幸亏天台山的高僧丰干和尚化缘经过，慈悲为怀，将其带至寺中抚养，并起名“拾得”，在国清寺中将他剃度为僧。拾得受戒后，被派至厨房干杂活，当时寒山还没有到国清寺，但拾得常将一些余羹剩菜送给未入寺的寒山吃，他们真可谓贫贱之交。国清寺的丰干和尚见他们如此要好，便让寒山进寺和拾得一起当国清寺的厨僧。自此之后，他们朝夕相处，亲密无间。寒山和拾得在佛学、文学上的造诣都很深，他俩常一起吟诗作对，后人曾将他们的诗汇编成《寒山子集》三卷。这两位继丰干以后的唐代高僧，于唐代贞观年间由天台山至苏州妙利普明塔院任住持，此院遂改名为闻名中外的“寒山寺”。

我国民间珍视寒山和拾得情同手足的情谊，便把他俩推崇为和睦友爱的民间爱神。至清代雍正年间，雍正皇帝正式封寒山为“和圣”、拾得为“合圣”，“和合二仙”从此名扬天下。传说他们手持的物品，件件都是有讲究的。那荷花是并蒂莲的意思，盒子是象征“好合”的意思，而五只蝙蝠，则寓意着五福临门，真是大吉大利！

寒山和拾得之所以能“相看两不厌”，是因为两人一直有着智慧上的愉悦交流。他们之间的玄妙对谈，不是一般凡夫俗子所能领会的，试看下面这则记载在《古尊宿语录》中的问答：

寒山问曰：“世间有人谤我、欺我、辱我、笑我、轻我、贱我、恶我、骗我，该如何处之乎？”

拾得答曰：“只需忍他、让他、由他、避他、耐他、敬他、不要理他，再待几年，你且看他。”

这个绝妙的问答，蕴含了面对人我是非的处世之道，因此虽经一千多年，至今仍然脍炙人口。

但再亲密的友谊，也逃不过生离死别。相传有一天，大雨下个不停，水流泛滥成河。寒山寺前，漂来一口巨大古钟。那古钟顺着波浪，一摇一晃地撞在寺门石阶上，发出“铛铛”的声响。被水围困的和尚，都纷纷跑来观看。寒山见了这口古钟欣喜万分，立即吩咐和尚合力把钟拉上岸来。可是那座钟就像生了根似的，无论和尚怎么拉，就是不动。这时，拾得也在场，就跑进寺院拔起一根竹子，朝地上一点，身子轻轻地跳进巨钟里。此时古钟忽然在水里漂浮起来，拾得用竹子朝寺门后一撑，原想让古钟朝寺门停靠，没想到那口古钟却朝着反方向漂去，越漂越远，最后就在大海里消失了踪影。

拾得坐在巨钟里，最后进入东海。经过一昼夜漂流，竟来到了一个名叫“萨提”的小岛上，据说这就是现在的日本。拾得上岸后，把古钟献给萨提岛人，自己搭了一间茅屋，继续修行。

自从拾得离去后，寒山十分想念他，以致一病不起。为了纪念拾得，和尚们仿造了一口大钟，日日敲打。没想到钟声也随着水流，传到遥远的萨提，拾得听了，也敲响那口古钟，与他们应和着。寒山和拾得虽然远隔千万里，但他们却用钟声传递着彼此的思念之情。

共忧苍生

宋代是中国封建政治和文官制度最为成熟的时期，出现了许多著名的文臣，而在时代风云和政治漩涡之中，这些文臣展现出了自己的操守，以及对于友谊的独特理解。

欧阳修和范仲淹都是北宋时期著名的大文豪，欧阳修的《醉翁亭记》和范仲淹的《岳阳楼记》都是脍炙人口的传世经典。他们生活在同一时代，又曾经同朝为官，志同道合，结下了深厚的友谊。

欧阳修有一篇著名的文章叫作《朋党论》，就是因为他支持范仲淹改革，别人攻击他和范仲淹是同党，他向皇帝上书进行陈述而形成的。他讲小人是没有同党的，他们因为利益需要而暂时集结在一起，但到了有利益冲突时，他们又会反目成仇。只有君子才能结成真正的同党，因为君子所奉行的、遵循的、实践的都是名节、忠信，他们可以志同道合，相互帮助，共同进步来服务于国家。欧阳修是这么写的，也是这么做的。他奉行的君子之道是朋友之间可以共患难，而不必同富贵，从他和范仲淹的一段交往中可以略见一斑。

范仲淹由于针砭时弊触怒了皇上而被贬斥，朝廷上的官员大多数都在讨论如何想办法救范仲淹，只有司谏高若讷当廷拍皇上的马屁，说应该把范仲淹赶出朝廷。对于这种落井下石的小人之举，欧阳修十分气愤，但碍于朝堂之上不便发作，回去后他连夜写了一封信给这位高大人，措辞十分严厉，对他的不义行为进行了责备，说他“不复知人间有羞耻事”。这个高大人本来就不是一个好东西，受此羞辱岂肯善罢甘休？他马上向皇上告发了欧阳修。欧阳修因此被贬为夷陵令，以后升迁一直很慢。后来范仲淹得到提拔，担任陕西经略使。他当然不会忘记欧阳修在自己危难之际挺身而出的壮举，觉得要报答欧阳修。于是，他要求调欧阳修来做自己的秘书，当高级幕僚。欧阳修却笑着拒绝说：“昔者之举，岂以为己利哉？同其退不同其进可也！”意思就是说，我当初的举动，难道是为了自己的好处吗？我与你一起被贬是可以的，但不必要一起提拔！

“同其退不同其进可也！”这句在欧阳修口中不经意说出的话语，简直是掷地有声！文如其人，言为心声，没有坦荡的胸怀，没有超凡的境界，是无论如何也说不出这种话语的。这会使古往今来多少人听了汗颜啊！

大贤之间

清代的大词人纳兰性德在《木兰词·拟古决绝词柬友》中写道："人生若只如初见，何事秋风悲画扇？等闲变却故人心，却道故人心易变。"用这首词来形容王安石和司马光的关系，再恰当不过。

王安石字介甫，晚号半山，抚州临川人，他出生在一个小官吏家庭，从小就喜欢读书，受到了良好的教育。中进士后任多地地方官，宋神宗时出任宰相，他推行新法，改革旧政，世称王荆公。司马光，字君实，祖籍为山西省夏县涑水乡，世称涑水先生。他少年时和王安石一样，读书也非常用功，很早就表现出了超人的才华。宝元元年（1038），二十岁的司马光考中进士，从此步入仕途。司马光先后从政四十八年，官至宰相。

司马光在谈到他与王安石十数年的交往时，认为自己与王安石，应当算是益友，他在《与王介甫书》中写道："孔子曰，益者三友，损者三友。光不才，不足以辱介甫为友；然自接侍以来，十有余年，屡尝同僚，亦不可谓之无一日之雅也。"而且更重要的是他们"游处相好之日久""平生相善"。他们都蒙受过欧阳修的教诲和举荐，又同与北宋大诗人梅尧臣结为忘年之交。他们还一起在"包青天"包拯手下担任群牧司判官，包拯则是他们的顶头上司——群牧使。有一次，群牧司衙门里的牡丹花盛开，包公置酒赏花。司马光回忆说：自己素不喜酒，但是在包公劝酒时，还是勉力喝了几杯。王安石也不喜酒，但他不管包公如何劝，始终滴酒不沾，包公也无可奈何。司马光由此知道，王安石是一个倔强之人。在他们各自的文集中，至今仍保留着许多互相赞赏的诗赋。王安石与司马光友谊的顶点是在他们共同担任官职——皇帝文学侍从的时期。据《邵氏闻见录》所引司马光的《斋记》记载，司马光对王安石的评价为：“好读书，能强记，虽后进投艺及程式文有美者，读一过则成诵在口，终生不忘。其属文，动笔如飞，初若不错意，文成，观者皆服其精妙。友爱诸弟，俸禄入家，数月辄无……议论高奇，能以辩博济其说，人莫能。始为小官，不汲汲于仕进。”《邵氏闻见录》称“荆公（王安石）、温公（司马光）不好声色，不爱官职，不殖货利皆同”，这些共同的品格和志趣，使得他们相互欣赏、相互倾慕，就连租赁住宅，王安石也宁愿和司马光做邻居。

由于长辈和好友的交口称颂，王安石很快就名重天下。司马光在写给王安石的信中说他“远近之士，识与不识，咸谓介甫不起则已，起则太平可令致，生民咸被其泽矣！”欧阳修也赞他“德行文学，为众所推，守道安贫，刚而不屈”。所以，当熙宁二年（1069）王安石初任副宰相之际，欧阳修曾专门写信祝贺王安石，王安石的诸友也都摩拳擦掌，准备助他一臂之力。这年五月，司马光发现好友吕诲袖中藏有弹劾王安石的文章，非常不理解，对吕诲加以劝阻后，回到学士院默坐终日，想不出王安石究有何“不善之迹”。

但是，好景不长，两人因为政见不同发生了分歧。公元1067年，宋神宗继位。由于国库空虚，王安石与司马光二人在神宗皇帝面前有了第一次真正意义上的争论。王安石认为：“造成国家财政状况不好的原因，是因为没有善于理财的人，这并不是当务之急。”司马光则反对道：“你所说的善于理财者，不过是巧立名目，加重老百姓头上的捐税而已。”王安石说：“事情不是这样。只要善于理财，就可以不增加捐税却使国库充盈。”司马光大不以为然，他反驳道：“天下哪里有这个道理？天地所生的钱财万物，不在民，就在官。设法从老百姓那里巧取豪夺，比增加捐税还坏。这实际上就是当年桑弘羊之流蒙骗汉武帝的那套说辞。”用现代政治术语讲，就是司马光民本思想浓厚，而王安石偏于威权主义。

由于北宋的财政状况日益困窘，举步维艰，宋神宗采纳了王安石的建议，进行变法，这就是“熙宁变法”。

司马光作为大臣，坚持自己的观点，当他发现改革可能会给国家带来巨大的灾难时，他开始用激烈的言辞弹劾王安石；而作为好朋友，他又三次给王安石写信，劝谕王安石不可“用心太过，自信太厚”，借此“以尽益友之忠”。王安石在与宋神宗的谈话中，力排司马光的非议；但对这位好友，又“赐之诲笔，存慰温厚”。眼见无法改变局面，又与王安石因变法之事绝交，司马光坚辞枢密副使，离开权力中心，来到当时的文化中心洛阳专心修史。

司马光为官清廉，他的薪俸大多周济了穷困的亲朋，个人生活十分俭朴，到了洛阳后，居住条件更是十分简陋。为了让修史不受天气的影响，司马光想了个办法，在室中挖了地窖，以砖砌成地下室居住。当时，北京留守王宣徽在洛阳的园宅甲天下，中堂起屋三层，飞檐走兽，气势恢宏。因此，洛中便有了“王家钻天，司马入地”的谑语。为了编《资治通鉴》，司马光倾注了大量心血，不但白天勤奋写作，晚上也很少休息，常写到半夜才睡觉，不到五更又起来继续工作。司马光怕自己晚上睡得太死，于是就用一段圆木做了个枕头，夜里只要一翻身，圆木枕头就会滚动，他就会惊醒，可以马上起来读书写作。司马光年老时，友人刘蒙打算用五十万钱请婢女侍奉他，但他回信谢绝：“吾几十年来，食不敢常有肉，衣不敢有纯帛，多穿麻葛粗布，何敢以五十万用一婢乎！”

虽然王安石与司马光的关系破裂，但两人互相保持着对于对方人格的敬重。一个反对新法的官员死后，司马光为其作墓志铭，其中有讽刺变法的话。有好事者将这个墓志铭献给王安石，以为后者会迁怒于司马光。不料，王安石却将铭文挂在墙上，向其门下士赞曰：“君实之文，西汉之文也”，将司马光与贾谊相提并论。而司马光在洛阳记述宋朝历史时，也能对王安石作客观评价。

王安石变法志在清除社会积弊，但是由于用人不当，出现了一些危害百姓的现象，更主要的是，新法在一定程度上触犯了大地主大官僚的利益，遭到反对。几年之后，王安石被自己最亲信的助手出卖，接着，又遭遇了家庭的变故。他毅然捧还相印，归隐江宁谢家墩。不久，司马光被重新起用。他将新法改革措施一一废除。新法遭到重大挫折的消息，加剧了王安石背上的疮毒，使他倏然而逝。司马光得知王安石逝世的消息后，深为悲憾，他写道："介甫文章节义，过人处甚多……不幸介甫谢世，反复之徒必诋毁百端。光意以谓朝廷宜优加厚礼，以振起浮薄之风！"根据司马光的建议，王安石被追赠正一品荣衔——太傅。

王安石和司马光有着深厚的友谊，同时更有着光明磊落的人格，遭遇各项重大分歧时，都以维护宋王朝为出发点，毫不涉及个人的利害冲突。用司马光的话说："光与介甫，趣向虽殊，大归则同。"王安石也承认，他们"议事每不合，所操之术多异故也"。王安石与司马光的恩恩怨怨正如宋人冯澥所说："王安石、司马光，皆天下之大贤。其优劣等差，自有公论。"

同享禅趣

风流倜傥的宋代大文学家苏轼，一生留下了无数逸事为后人所乐道。他和欧阳修的师生之情，和黄庭坚的手足之谊，和早年相互贬抑、晚年惺惺相惜的政敌兼同僚王安石的微妙关系，和父亲苏洵、弟弟苏辙、妹妹苏小妹之间相互戏谑的家庭趣闻，都可以写成章回小说。然而，与苏轼相交至深，几乎达到心心相印的，却是僧人佛印禅师。后人记录或杜撰的他们之间的故事，更是比小说还生动有趣。

佛印名了元，字觉老，曾为金山寺住持。他和苏轼相识相交的过程很有意思，已经被演绎为一个广为流传的故事：

那是朝廷保守派复辟后，司马光重拜相位，新法悉数被废。此时，同为保守派的苏轼却主张对新法不能全盘否定，应该加以区别对待，因此与司马光发生激烈冲突，再度被贬瓜州。苏轼虽然信仰佛教，但却不喜和尚。闻得瓜州金山寺内有一法号为佛印的和尚名气极大，苏轼听说后不服气，就决定到山上会一会老和尚！在庙里，苏轼从皇帝讲到文武百官，从治理国家讲到为人之道。和尚静静听着，苏轼见佛印一直一言不发，就有点瞧不起他。心里想：大家都说他有本事，原来草包一个，来这里是骗几个香火钱的吧！话题慢慢地就扯到了佛事上，这时候佛印问道："在先生眼里老衲应该是一个什么样的人？"苏轼正满肚子鄙视，随口答道："你在一般人眼里看来是有本事，但那是因为他们浅薄，实际上你每天故弄玄虚，没有真才实学，是个骗子而已！"佛印微微一笑，默不应声。苏轼看到他这个样子不仅更瞧不起和尚，而且自己洋洋得意起来，便乘兴问道："在你眼里我苏大学士又是一个什么人呢？""你是一个很有学问，有修养的人，老衲自愧不如！"佛印答道。回到家后，苏轼得意地把早上如何治和尚的事给小妹讲了一遍，苏小妹听后笑得饭都喷出来了。苏轼忙问道：“小妹为何发笑?”“你贬低和尚他不仅没生气反而把你赞扬了一番，你说谁有修养？没有学问哪来的修养？你还自以为自己比别人强，羞死你你都不知道!”苏轼听后恍然大悟，从此与佛印大师成了莫逆之交。

苏东坡初时不信佛法，醉心功名，而佛印一直不舍地苦心劝诫。不妨说一个两人在黄州庐州隔长江而望的神交故事。一天，苏轼突发灵感，写得一首赞佛的好诗：“稽首天中天，毫光照大千；八风吹不动，端坐紫金莲。”诗中八风，指的是利、衰、毁、誉、称、讥、苦、乐，这四吉四晦，正是让凡人因物喜、以己悲的不净心。东坡美滋滋地令仆童渡江把诗送给佛印禅师欣赏。哪知，佛印在纸上批下“放屁”两个大字，叫仆童带回黄州。不服气的苏轼，亲自渡江找佛印理论，佛印不见，却留下一些文字，让苏轼读后满脸羞愧，深深感到自己沽名钓誉之心未去，修佛之路正长，也为能有佛印这样的灵魂挚友而深深庆幸。

佛印的文名没有苏轼大，但文才其实不在苏轼之下，三岁能诵唐诗，五岁入私塾时，一本《唐诗三百首》能背出两百多首！入塾不久便熟读五经和诸子百家。一天到寺庙游玩，看到《楞严经》，立刻手不释卷，心中只有佛了。结果十六岁就出了家！此种根器，岂是一般凡胎所持?！其实，苏轼也并非凡夫俗子再投胎。他背上如北斗七星一般排列的黑痣，曾令不少僧人和居士感叹，他乃是到人间匆匆一游的高人。而他辉比日月的章采，畅如江河的文思，与其说是凡俗历练和智慧的结晶，不如说是前世、前前世修炼的佛心般若——器盈，而流光溢彩；炭炽，而灼灼其华！所以，从佛缘的角度看，这一对心灵和才华高度契合的朋友，似乎是冥冥之中领受了佛的安排，才在尘世相见。

从智慧的角度看，苏轼与佛印，有点像庄周和惠施，经常互相调侃甚至争执，但不妨碍他们的惺惺相惜，可谓挚友。他们的故事，似乎总以苏轼的尴尬来收场，而这样的尴尬，反而凸现了大文豪热爱生活、热爱智慧、热爱朋友的一面。

还有，别看苏轼嘻嘻哈哈，其实，苏轼一家是用情极深的。苏轼因为写诗，得罪了朝廷，被关进牢狱里，他的弟弟苏辙焦急万分，写信给皇帝，说愿意代哥哥坐牢，请求把哥哥放出来。苏轼知道这件事后非常伤心，他想，自己眼看马上就要被杀头了，今后再也不能给弟弟帮忙了，还让弟弟为自己担心，实在对不起弟弟！于是，他向看守借来纸笔，写了一封信给弟弟，信上有一首诗："是处青山可埋骨，他时夜雨独伤神。与君世世为兄弟，再结来生未了因。"看完这封信，苏辙泪湿衣襟，更积极地疏通关系解救哥哥。后来，在苏辙和一批朋友的努力下，朝廷终于释放了苏轼。

"再结来世未了因"，这是多少在世间保持着亲密关系的人们的热望啊！

鹅湖之会

鹅湖之会是历史上一次著名的思想辩论，在两位大儒朱熹和陆九渊之间展开，因发生在鹅湖书院，故得名。

鹅湖书院，位于江西广信府铅山县境内。自东晋以来，历经唐、宋、明等朝，都聚居过许多学者，曾经是一个著名的文化中心。

南宋淳熙二年（1175），吕祖谦因鉴于朱熹、陆九渊两派学说论点不同，常引起争论，故而发起约会，邀请朱、陆两家集会于鹅湖寺。当时，朱熹和陆九渊、陆九龄兄弟皆应邀赴约。在这里，发生了朱、陆两派学说的第一次面对面的激烈争论。争论的焦点是关于认识论的问题。朱熹主张“泛观博览，而后为之约”；陆九渊则主张“先发明人之本心，而后使之博览”。这就是朱、陆两派的分歧点。朱熹认为陆学太简易；陆九渊则认为朱学太支离。这次争论，就是哲学史上著名的“鹅湖之会”。争论的实质，都是为了竞争正宗教主地位。但是，这次“鹅湖之会”并没有解决他们两派学说之间的分歧，故以后还有更加激烈的关于世界观问题的争论。

尽管如此，朱陆二人却相互钦佩对方的人格和学养，成为终生的好朋友。淳熙八年（1181），朱熹邀请陆九渊到自己主持的白鹿洞书院讲学，陆九渊讲“君子喻于义，小人喻于利”一章，不少听者流下了泪水。朱熹在一旁坐听，也深受感动，他认为陆九渊讲得很好，触及了当时读书人灵魂深处的一些毛病。他请陆九渊把讲义写出来，其后又把它刻在石碑上。

朱熹和陆九渊在许多学术观点上是水火不容的，但对“竞争对手”能如此虚心、如此尊重，这需要何等的气量啊！朱熹在给陆九渊的回信中这样写道：“凡是参加辩论的人，应该平心静气，仔细思考，反复思考，实事求是，这样就一定会得出正确的结论来。”从中反映出了朱熹对于辩论的正确态度。当朱熹听到陆九渊逝世的消息后，便在寺中设了灵位，率领学生到寺中哭奠。

这种文人士大夫之间的理解和宽容，从北宋到南宋，贯穿了有宋一代，由此可见宋代整个社会风气有其相当宽容的一面。即便在我们今天，这种宽容也显得弥足珍贵。

睿智帝师

横扫天下的亚历山大大帝背后，站着一位有着如海般智慧的老师——柏拉图。

比亚历山大征服了更多疆域的元朝大帝忽必烈背后，则站着一位如青藏高原般高深的老师——八思巴。

柏拉图的年龄比亚历山大大很多，而八思巴比忽必烈小很多，这使得后者的故事更成为一段佳话。

忽必烈与八思巴的关系，毫无疑问是国君与臣属，上级与下级。忽必烈在朝廷内设立总制院，掌管全国的佛教事务和藏族地区的行政事务，并授命八思巴以国师身份兼管总制院院务，后又将总制院改为宣政院，同枢密院、中书省、御史台并列，是皇帝直接控制下的元朝中央四大机构之一。毫无疑问，八思巴自始至终都是忽必烈政权中的一名部长级官员。

然而，这对君臣关系，因为特殊的宗教礼制而又增添了一层意义。

八思巴自谒见忽必烈并追随其左右以来，倾力为其解惑吐蕃事宜及佛法精义。忽必烈的察必王妃对八思巴格外礼崇，比忽必烈更先了解藏传佛教。

察必王妃请八思巴授予喜金刚灌顶，王妃问："灌顶应该奉献什么礼物？"八思巴说："应该把自己最珍爱的物品献给佛、献给上师。"王妃便将最珍视的陪嫁珍珠耳环献给了八思巴。后来，八思巴把珍珠卖给一个蒙古人，得了一大锭黄金、四大锭白银，后全部做了兴建萨迦寺大金顶和主办曲弥大法会的资金。

王妃受了灌顶，更加虔诚地信仰密宗佛法，忽必烈也想请八思巴为自己灌顶，八思巴说："我怕汗王不能遵守规矩，眼下又没有好的译师，还是以后再说吧！”忽必烈问：“要守什么规矩？”八思巴说：“传法的时候，上师坐上座，汗王坐下座。汗王的言行，不能违背上师的心愿。”忽必烈身为万人之上的君主，自然不愿事事遵从一个僧侣。

善解人意的察必王妃赶紧进行调解：“听法及人少之时，上师可以坐上座。当王子、驸马、官员、臣民聚会时，慈不能镇服，由汗王坐上座。吐蕃之事悉听上师之教，不请于上师绝不下诏。其余大小事务因上师心慈，如误为他人求情，恐不能镇国，故上师不得讲论及求情。”这样，1253 年底，忽必烈拜八思巴为上师，请授了喜金刚灌顶。在平时他俩是君臣关系，要保持君臣礼仪；他们之间谈话时，八思巴只能坐下首，坐垫要比忽比烈的少一个。八思巴说法时，忽必烈才坐下首，坐垫也要比八思巴少一个。

这时八思巴年仅十九岁。忽必烈依弟子的礼仪，向八思巴奉献了珍珠镶嵌的衣装，还有白银、茶叶、锦缎、丝绸等大量物品，又送给八思巴全套的仪仗作为供养。

1254 年，忽必烈专门颁赐了一个《优礼僧人诏书》，规定蒙古官员不得在寺庙里住宿，不得对僧人摊派乌拉差役。这份诏书所规定的对僧人的诸多优待，也可看作忽必烈奉献于八思巴的供养。

1270 年，八思巴再次给元世祖忽必烈灌顶，元世祖为酬答八思巴灌顶之恩和造字之功，将西藏三区赐予八思巴作为供礼，还将八思巴晋封为“大宝法王”，其封号从“国师”升为“帝师”。赐诏文曰：“普天之下，大地之上，西天佛子，化身佛陀，创制文字，护持国政，精通五明班智达八思巴帝师。”忽必烈采纳八思巴的建议，将西藏划分为十三万户，这也成了元朝在西藏地方建立的政治体制，同时确立了萨迦一派在西藏地方行政和宗教上的尊崇地位。八思巴第三次为忽必烈灌顶，忽必烈应许了他不再使用军队杀人填河的请求。

这样，八思巴不仅成为忽必烈身边掌管一切宗教事务的高级官员，更成为一代君主的精神导师，两人在政治和宗教上结成了相互信任、相互依赖的关系。此后元朝历代皇帝均选封萨迦教派有学识的大喇嘛为帝师，形成定制。

一帘珠秀

12 世纪初，剽悍勇猛的蒙古铁骑，席卷出一个最大版图的帝国，也开拓了一个面目全新的艺术世界。中国戏曲，从此进入一个新纪元——杂剧时代。

勾栏，是当时的剧场；行院，则是演员们居住、习艺的活动场所。古代女演员都是女伎中的佼佼者。其实，早先所谓“伎”，是指美女，或者解释为女乐，也就是擅长歌舞、姿容美丽的女艺人。她们是中国精湛表演艺术的伟大创造者。

与此同时，由于科举取士制度的中断，大批文人才子流落市井。他们怀着亡国的悲痛和怀才不遇的牢骚，创作散曲和杂剧，寄托民族的情感，消解胸中的块垒。他们的创作源源不断地输送到勾栏行院、酒楼茶馆，为女伎们发挥演唱才艺提供了大量的艺术成品。文人与女伎合流，可谓“珠联璧合”，从而开拓出一个光辉灿烂的艺术新天地。

翻开元代杂剧史，你会发现，几乎所有的杂剧大家，都与一个叫珠帘秀的艺人有着很深的情谊，这个珠帘秀，堪称一代奇女子。

珠帘秀，这是一个美妙的艺名。她本姓朱，河南洛阳人，本名被艺名所淹没，也无从考证她入籍为伎从艺的经历，大致活动于公元 1260 年至 1320 年。蒙元灭宋前，她便已经在大都声名鹊起。在行院姐妹中，珠帘秀排行第四。她的姿色虽说不是倾城倾国，甚至“背微偻”，但身材纤瘦、苗条玲珑、风姿绰约。

在中国女演员史上，珠帘秀绝对是前无古人的戏剧皇后，可惜当时没有梅花奖、金鸡奖、百花奖这样的表演奖项，不然，珠帘秀绝对能大满贯，弄不好，她反串男角，扮个帝王将相，连同最佳男主角的桂冠也能一并拿下。

珠帘秀是官伎，伺候的都是达官贵人，很有做“二奶”“小蜜”的条件和资本，但她却极其难得地具有现代职业女性的独立精神。她与当时身份最卑贱的文人墨客交好，其最著名的绯闻男友，就是响当当的大杂剧家关汉卿。关汉卿不惜笔墨，为珠帘秀量身定做了《望江亭》《救风尘》等脍炙人口的剧作。

可以想见，当珠帘秀主演关汉卿的《望江亭》《救风尘》等新作时，该是怎样眉飞色舞，神采焕发；而关汉卿在写那些聪慧绝伦而身世不堪的女伎的杂剧时，又是怎样从珠帘秀等优秀女艺人身上找到原型，汲取素材的呢？在今天的人看来，这实在是一对天作之合。

1958 年，田汉的《关汉卿》第一次在现代舞台上展现关汉卿与珠帘秀的爱情故事，将珠帘秀塑造成胆识不凡、刚烈正直的侠女式艺伎。剧中，关汉卿有感于朱小兰一案，写下《窦娥冤》，珠帘秀慷慨道：“你敢写，我就敢演！”显示了女中豪杰本色。

但由于当时珠帘秀已经委身于一个道士，关汉卿不可能明白表示对她的怀念与爱惜，只好通过对珠帘的吟咏来表白，表面上句句咏珠帘，骨子里句句写帘秀。这首［南吕·一枝花］《赠珠帘秀》是这样的：

轻裁虾万须，巧织珠千串，金钩光错落，绣带舞蹁跹，似雾非烟。妆点就深闺院，不许那等闲人取次展。摇四壁翡翠阴浓，射万瓦琉离色浅。

［梁州］富贵似侯家紫帐，风流如谢府红莲。锁春愁不放双飞燕。绮窗相近，翠户相连，雕栊相映，绣幕相牵。拂苔痕满砌榆钱，惹杨花飞点如棉。愁的是抹回廊暮雨萧萧；恨的是筛曲槛西风剪剪；爱的是透长门夜月娟娟。凌波殿前，碧玲珑映湘妃面。没福怎能够见。十里扬州风物妍、出落着神仙。

［尾］恰便似一池秋水通宵展，一片朝云尽日悬。你个守户的先生肯相恋，煞是可怜，则要你手掌儿里奇擎着耐心儿卷。

关汉卿比珠帘秀年长约四十岁，一个是砚田笔耕，著有杂剧六十余本的戏曲巨匠；一个是技压群芳，独步天下的杂剧表演艺术明星，在杂剧之花盛开的元初剧界，他们堪称是在创作与表演的两条航道上指引后人的两盏航灯。但这一对艺术伴侣终是劳燕分飞，未能结为百年之好。

在关汉卿之前，珠帘秀还结交了不少文人好友。古代的艺伎色艺双全，既是美女，亦通琴棋书画，更娴于诗词。珠帘秀正是这样的“美女加才女”。她与卢挚卢疏斋就常有诗词互答。卢挚是精通文史，与刘因、姚燧齐名的文学家，也是治绩卓著的官僚，曾任河南路总管、湖南道肃政廉访使，迁翰林学士承旨。他与珠帘秀交往密切，情义深厚。虽然，他比她年长约二十岁，但一种不可名状的缕缕情丝把他们系在一起。

卢挚［双调·寿阳曲］《别珠帘秀》云：

才欢悦，早间别，痛煞煞好难割舍。画船儿载将春去也，空留下半江明月。

珠帘秀也作［双调·寿阳曲］《答卢疏斋》云：

山无数，烟万缕，憔悴煞玉堂人物。倚篷窗一身儿活受苦，恨不得随大江东去。

离别之际，江边送行，难舍难分，一个叹画船载春去，空留半江月；一个怨倚篷窗活受苦，恨不能你我一同随江东去，仿佛是一对新婚宴尔的情侣。卢挚是元代曲家高手，存世的散曲作品有一百二十多首，怀古思旧、言情诉别、记事志物无不质朴清新、丽语如珠。这首小令正是如此。“才欢悦，早间别”，著一“才”字突出欢聚之短暂；又以“早”字强调离别的仓促。两情欢悦一旦终止，痛苦的洪流随之迸涌。“痛煞煞好难割舍”，这是卢挚感情体验的坦诚流露。曲的后两句尤其精彩，“画船儿载将春去也”，画船载去的明明是珠帘秀，可是，对卢挚来说，无异于载去了整个明媚温馨的春天。最后一句，一个“空”字，再著一个“半”字，把作者怅然若失的孤独寂寞、惆怅凄冷的情怀袒露无余。珠帘秀酬答之作与卢挚原作可谓“心心相印”。她虽然忍痛割爱、离岸登舟，仍久久地倚窗眺望，当看到卢挚伫立江岸憔悴惆怅、黯然神伤的情状，更是缠绵幽怨。她深知此刻两人同样凄婉痛楚，想到自己孤身受苦，更是痛不欲生。最后她直抒胸臆，直接表达自己恨不能两人共同随大江东去的深切感情，以此安慰卢挚怅惘若失的心。

另一位大文人胡紫山，也与珠帘秀有着不平凡的交谊。胡紫山早年任应奉翰林文学，转左右司员外郎，曾长时间居住大都。当珠帘秀以其豆蔻年华的风采名噪京师时，他已成了最热心的捧场观众。他有一首小令［双调·沉醉东风］《赠妓珠帘秀》云：

锦织江边翠竹，绒穿海上明珠。月淡时，风清处，都隔断落红尘土。一片闲情任卷舒，挂尽朝云暮雨。

曲子借翠竹明珠的帘子，吟咏珠帘秀的娴雅高洁，紧贴人名而歌颂其性情，流露了作者的无限怜爱与倾慕。至元二十六年（1289），胡紫山出任江南浙西道提刑按察使，珠帘秀早已下扬州。扬州，是元朝统治江南的政治文化重镇，先后成为江淮行中书省和江南行御史台的府治，又是南下江浙的必由之路。胡紫山赴浙江任所，没有错过与珠帘秀见面的机会。这时，胡紫山已是六十二岁的老人，以著名文学家而声著四海，珠帘秀亦入而立之年，已到了收徒传艺、群星捧月的人生顶峰。珠帘秀出示她的诗卷，乞胡先生写序。胡紫山欣然接受，为之作《朱氏诗卷序》，高度评价她的技艺才华，并将此序喻为欧阳修撰《五代史》作《伶官传》，序末他深有感慨地写道：

惜乎吐林莺露兰之余韵，供终日之长鸣，虽可一唱三叹，恐非所以惜芳年而保遐龄。老人言耄，醉墨歌倾，因冠群诗以鸾真之序，又庶几效欧阳文忠执史笔而传伶官也。

打个可能不太恰当的比方，从地位和声望上看，珠帘秀有些像法国沙龙女主人，像林徽因，但从身份和遭际上看，她又像柳如是和顾横波，无法主宰自己的命运。所以与文人之间的友谊，对她而言也就更加珍贵。她爱的是谁呢？可能不是某个具体的人，而是艺术。

相传珠帘秀临终时，对自己委身的道士洪丹谷说："妾死在旦夕，卿须自执薪，还肯作一转语乎？夫妾，歌儿也。卿能集曲调于妾未死时，使预闻之，虽死无憾矣。"洪道士本是滑稽风流之辈，文思极敏捷，且对珠帘秀颇为钟情，结缡二十年，恩爱如初，当然会满足她的要求，于是，作《与妓下火文》相戏曰：

二十年前我共伊，只因彼此太痴迷。忽然四大相离后，你是何人我是谁？共惟称呼，秀钟谷水，声遏楚云。[玉交枝]坚一片心，[锦缠道]余二十载。遽成[如梦令]，休忆[少年游]。[哭相思]两手托，[意难忘]一笔勾断。（且道如何是一笔勾断?）[孝顺歌]终无孝顺，[逍遥乐]永遂逍遥。

珠帘秀听罢，一笑而卒，在"淡妆浓抹总相宜"的西子湖上，永远留下了她最后的微笑。

气贯云石

昆曲是高雅的戏剧艺术，是江南风物的结晶，一向被看作是汉族知识分子珍爱的清雅之物。你或许想不到，号称“昆曲先驱”的却是一位来自北方的畏兀儿（维吾尔族）人——贯云石。

公元1286年，在元大都西北郊高粱河畔维吾尔族人聚居的畏吾村（今北京魏公村）里，一个“神采秀异”的婴儿诞生了。当时谁都没有想到这个北庭（今新疆吉木萨尔）维吾尔族农民的后裔，将成为中华民族文化史上“擅一代之长”（王世贞《曲藻）序》）的杰出人物。他，就是元代著名作家贯云石。其全名是贯小云石海涯，号酸斋。

贯云石的伯父忽失海涯、父亲贯只哥都托庇祖荫，先后在南方担任军政要职；而贯云石幼年，一直生活在大都，受着良好而又特殊的教育。贯云石的母亲廉氏是精通汉学的维吾尔族名儒廉希闵的女儿。贯云石自幼就常随母亲住在廉家的别墅“廉园”里修文习武。尤其是园内有两万多卷藏书，使贯云石从小就受到了丰富的汉民族文化的熏陶与严格训练，既有“善骑射、工马槊”的维吾尔气质，又能“折节读书，目五行下”，为他以后用汉文写作打下了扎实的基础。

贯云石的散曲以写山林逸乐生活与男女恋情为主。作品风格基本上属豪放派，以清俊见长。在当时最为俊逸当行，歌唱起来，响遏行云。贯云石之所以能在文学方面取得这样大的成就，除了他自己专心好学，与他的汉族老师姚燧和亲密朋友张可久、徐再思、杨朝英等人的帮助也是分不开的。在他的为人和作品中可以看到元代各族文化互相渗透的情况。贯云石以胄子袭位，仕途本颇顺利，却有飘然世外之志，为人疏放旷达，做了几年世袭的官爵——两淮万户府的达鲁花赤，就把官职让给他的弟弟忽都海涯了。从那以后，他投拜了当时以文风古劲宏肆而著名的散文大家姚燧为师，专门攻读汉语文学。过了几年元世祖忽必烈的孙子做了皇帝，号称仁宗。小云石海涯就给仁宗上了一份万言书，建议朝廷选贤用能，修明政治。仁宗见他很有学问，就任命他做翰林侍读学士，但他看不惯上层统治者的罪恶污浊，力辞不受，决意弃官归隐，从此再未出仕，浪迹钱塘江一带，以卖药度日。

贯云石自号酸斋。根据邓子晋在《太平乐府序》里记载，杨朝英文风以豪放著称，贯云石和杨朝英同游，贯云石说："我酸，你就应该澹。"从那以后，杨朝英果然自号澹斋了。徐再思作品风格清丽，自号甜斋。因贯云石和徐再思是当时两位齐名而又相好的散曲家，所以，后人就把他们的作品编成一个集子，很风趣地叫作《酸甜乐府》了。张可久则是元朝后期最著名的散曲大家，风格雅丽，文辞工巧，他与贯云石应答的作品也很多。

1314 年秋天，贯云石南游途中经过梁山泊。贯云石喜爱那里一个渔翁用芦花絮做成的被子，渔翁要他用诗来交换。贯云石略加思索，吟出了一首七律：

采得芦花不涴尘，翠蓑聊复藉为茵。
西风刮梦秋无际，夜月生香雪满身。
毛骨已随天地老，声名不让古今贫。
青绫莫为鸳鸯妒，欸乃声中别有春。

这首《芦花被》诗广为流传，贯云石用它换取芦花被的事也传为佳话。贯云石干脆又取了"芦花道人"的别号，并写道："清风荷叶杯，明月芦花被，乾坤静中心似水。"宣布了自己和名利场的决裂，开始了十年浪迹江湖、专心创作的新生活。

春去秋来。贯云石"月明采石怀李白，日落长沙吊屈原"（钱惟善《酸斋学士挽诗》），登扬州明月楼填词，到淮南鲁港驿题诗，西下洞庭览胜境，东临普陀观日出……这种壮游万里的生活，使他创作出《采石歌》《君山行》《观日行》等许多优秀诗篇。他在诗中讴歌祖国的大好河山，凭吊中华历史上的杰出人物，抒发对家乡与亲人的爱恋，也表达了摒弃荣华富贵、过恬静淡泊生活的愿望。这些作品感情真挚，风格清新秀丽，使他成为元诗中"绮丽清新之派"的代表人物。

贯云石历览名胜，著述愈丰，雅名愈盛。他每到一处，“士大夫从之若云，得其片言尺牍，如获拱璧”。决心避世的贯云石进而隐姓埋名，易服晦迹，定居在钱塘（今浙江杭州）正阳门外，靠卖药为生。他在凤凰山休暑，到包家山修禅；时而入天目山与中峰禅师论道，时而去城东阿里西瑛的寓所吹奏铁笛，切磋乐律；他常与散曲家张可久一道游湖观潮，饮酒唱和，也不时地同平民百姓一起切磋技艺。他在秀丽的西子湖畔度过了一生中创作散曲最旺盛的时期。

值得一提的是，在钱塘定居期间，贯云石又与海盐杨梓交善，向他传授“南北合调”的歌唱方法，后称为“海盐腔”，流传至明代，为“昆腔”的先驱。后人评价说，贯云石的乐府、散套和高彻云汉的歌唱，在南戏四大声腔之一“海盐腔”的形成中起了重要的发端作用。

公元1324年，正当壮年的贯云石病逝于杭州。他的好友张可久写了一首《为酸斋解嘲》的散曲来总结这位维吾尔族作家的一生：

君王曾赐琼林宴，三斗始朝天。文章懒入编修院。红锦笺，白苎篇，黄柑传。学会神仙，参透诗禅。厌尘嚣，绝名利，近林泉。天台洞口，地肺山前，学炼丹。同货墨，共谈玄……

他的另一位好友欧阳玄在为贯云石写的碑文中称赞他“武有戡定之策，文有经济之才”，“其人品之高，岂可浅近量哉”！两百年后，王世贞在《曲藻》中将贯云石列为“擅一代之长”的元曲代表作家之首。陈垣先生在《元西域人华化考》中说：

云石之曲，不独在西域人中有声，即在汉人中亦可称绝唱也。

是的，贯云石的作品，通过他的生活和创作所体现出来的我国各民族作家之间互相学习、亲密融洽的深厚友情，已成为中华民族宝贵的精神财富。

四大才子

明朝前期画坛的唐寅、文徵明、徐祯卿、祝允明被称为四杰。他们在画坛上具有重大影响，唐寅、祝允明更因民间传说、弹词、戏曲的渲染，至今仍是家喻户晓的人物。自古文人相轻，但四杰之间，并不因各人均才高八斗而互相轻慢；相反，他们过往甚密，甚至患难与共，留下很多佳话。

唐寅字子畏，又字伯虎，别号六如居士、桃花庵主、逃禅仙吏，有“江南第一风流才子”之称。唐伯虎自幼聪明颖悟，过目成诵，十六岁时秀才考试得第一名，轰动了整个苏州城。少年得志，往往恃才傲物，不思进取。唐伯虎十九岁时娶徐廷瑞的次女为妻，两人感情融洽，按理说幸福生活从此开始，可惜好景不长，徐氏大约二十四岁的时候患病去世。悲痛接踵而至，唐伯虎的父母、妹妹在一年之内相继去世，面对如此创痛，唐伯虎一蹶不振，经常与邻居张灵等纵酒游玩。祝允明（字枝山）知道后特地去规劝，为了说服唐伯虎，他还把张灵收为自己的学生，在著文作诗或作书时，让张灵在一旁侍候，因此张灵也进步很快，后来竟成吴门主将。祝枝山青年时期的诗文书法已经闻名乡里，可谓青年才俊，草书颇有成就，这对唐伯虎的书法帮助是很大的。两人性情相投，遭际与共。祝枝山长唐伯虎十岁可谓兄长，在兄长的督促下，唐伯虎从此规规矩矩读书以求取功名。

交对朋友真是唐伯虎的一大幸运。弘治十一年（1498），唐伯虎与文徵明一起参加乡试，文徵明名落孙山，唐伯虎却名列第一，成了南京解元，一时名震江南，声誉日隆。

唐伯虎春风得意，第二年进京应试，同行是江阴一巨富之子徐经。因唐伯虎文名已盛，一路上公卿造请者不断。人出名了真好，出门无须带盘缠。这原本也不是什么坏事，可是唐伯虎的才子式的任性使气、口无遮拦却让他吃了哑巴亏。徐经一路的辛苦奉迎，终于从唐伯虎的“时漏言语”里了解到一些门径，得以行贿会试主司程敏政家童。预先得到试题后，便请唐伯虎帮他写篇文章，而唐伯虎却不知情。此事不久就被揭发，“天子震赫”，唐伯虎也锒铛入狱。经过一年多的审讯，后来经同乡吴宽的求情，才得以赦免。唐伯虎虽被释放出狱，但已罢官并发配到浙江偏远之地为小吏。经过这番折腾，唐伯虎科举仕途已经无望。他十分悲痛，当然也没有去赴任，他在给友人的信中说：“士可杀，不可再辱。”

经受这场磨难后，唐伯虎深感仕途险恶，放浪形骸于酒色山水之中，诗文绘画的名声却誉满四海。在宁王朱宸濠的叛乱中，他故意佯狂酗酒，放诞无礼，得以保全清白，因而也给他带来更大的名声。他“颓然自放，谓后人知我不在此”，内心是无比孤寂的。

好在有文徵明、祝枝山、徐祯卿等好友相伴。这三人皆非等闲之辈，和唐伯虎基本上在童年时就认识。其中祝允明年龄居长，比唐寅、文徵明大十岁，而这两位又比徐祯卿大约长十岁。唐伯虎和祝、文二人，关系则更为密切。文徵明的画师承沈周，而唐寅也是沈周间接的学生。弘治十二年（1499），唐伯虎卷进科场风波、身陷囹圄后，写信给文徵明，希望他看在友谊的份上，照顾自己的弟弟唐申，文谓：

……仆幸同心于执事者，于兹十五年矣。

……吾弟弱不任门户，傍无伯叔，衣食空绝，必为流莩。仆素论交者，皆负节义；幸捐狗马余食，使不绝唐氏之祀，则区区之怀，安矣乐矣！尚复何哉？唯吾卿察之！

后来又在给文徵明的信中，真诚地坦露心迹。晚明小品文大家袁中郎读后，非常感动地说："真心实话，谁谓子畏狂徒者哉？"这封信的全文较长，其中有谓："诗与画寅得与徵仲争衡；至其学行，寅将捧面而走矣。寅师徵仲，惟求一隅共坐，以销熔其渣滓之心耳。"由此可知，文徵明平素生活很检点，不肯涉足声色场所，与唐伯虎的浪漫行径，可谓大异其趣，但却能道不同而相谋，并成为莫逆之交。

文徵明与祝枝山的交谊，在他们的上一代就已开始。文徵明学字于祝枝山的岳父李应祯，李死后家贫无以为殓，就是由文徵明的父亲文林筹办丧葬费用的。祝枝山与唐伯虎更是情投意合，不是弟兄，胜似弟兄。唐伯虎卒后，祝枝山哀痛至极，和文徵明等凑了些钱为唐伯虎安排后事。梦魂萦绕之际，祝枝山写了《梦唐寅徐祯卿亦有张灵》《哭子畏》《再哭子畏》等诗，怀念之情溢于字里行间。他还亲笔写了《唐子畏墓志并铭》，堪称是他与唐寅友谊的实录。

四人中，徐祯卿去世较早，但仍留下他与唐寅、祝枝山等交好的篇章。他曾给唐寅写小传，盛赞他"雅资疏朗，任逸不羁"，并在传末系赞词一首，曰：

有鸟骄斯，高飞提提。饮择清流，栖羞卑枝。俶荡激扬，操比侠士。超腾踔诡，又类君子。长鸣远慕，顾命俦似。猥叙苦辛，仍要素辞。与子同心，愿各不移。恒共努力，比翼天衢。风雨凌敝，永勿散飞。天地闭合，乃绝相知。

赞词的最后四句，充分显示了他对唐寅的深情。对于文徵明，他也写了小传。赞美他"性专执，不同于俗，不饬容仪，不近女妓，喜淡薄。侪类有小过，时见排抵；人有薄技，亦往往叹誉焉。"并颂诗曰："……磁石能引针，砥砺乃独坚。鸾凤不从群，何况于高贤。含和而不同，圣哲所称焉。飞蝇恶热羹，勖哉复何言。"他对文徵明，实在是敬重有加。

金圣叹曰：唐寅、文徵明、徐祯卿、祝允明都是一代才子。但在旧时戏剧舞台和评书中，祝枝山和唐伯虎两人形象欠佳，前者工于心计，喜捉弄人；后者风流倜傥而放荡。其实，历史上真实的祝枝山与唐伯虎均是厌恶权贵、富含正义、才华横溢而又多情多义的名贤代表。他们和文、徐等人之间不但没有文人相轻的陋习，更结下深情厚谊，堪称是古今文坛的楷模。

真 理 之 光

我一直在想，在科学技术不受重视的中国封建社会，有没有类似于爱因斯坦与玻尔的友谊，有没有因为对于纯粹的科学真理的探讨，把两位学者紧密联系在一起的例子呢?

答案是有，那就是徐光启和利玛窦。对真理的探求，成为他们相交相知的纽带。

1600 年春，徐光启和利玛窦在南京相见。这是一次短暂的见面。徐光启主要向利玛窦讨教一些他听说过的基督教教义，双方并没有深谈。

其时利玛窦在南京已享大名，高官显贵和名士文人都乐于与他交往。作为一个高鼻深目的蓝眼睛白人，利玛窦当时身着儒服，能够被有名的狂士李贽称作是“第一标致人”，想来是风度颇佳，而且他汉语流利，还能用汉字写文章；加之高明的社交手段，以及他随身携带的那些引人入胜的、代表着西方工艺水平的钟表和科学仪器，引得许多人登门拜访，想一睹西方的各种玩意为快。

利玛窦的好学多识、博闻强记，尤其给人留下了深刻的印象。他为中国的士大夫表演记忆术，将一张写有数百字的单子看一遍，随即就能复述，居然一字不差，人们纷纷称赞他过目不忘时，他又随意地将这张单子倒背出来，让人瞠目结舌。

这种神乎其神的记忆术并非利玛窦的天赋，其实也是刻苦训练的产物。耶稣会传教士受过严格的教育，对记忆力的训练是非常重要的一环。利玛窦 1552 年生于意大利的山城马切拉塔，1571 年在罗马成为耶稣会的见习修士，在教会里接受了神学、古典文学和自然科学的广泛训练，又在印度的果阿学会了绘制地图和制造各类科学仪器，尤其是天文仪器。

正是利玛窦非凡的学识和魅力吸引了徐光启。显而易见，1600 年遇见利玛窦是徐光启人生中的一件大事。在 1600 年的谈话中，利玛窦特别提到了中国士大夫的纳妾风气与基督教义的冲突。徐光启本人是家中独子，与夫人吴氏也只育有一子徐骥。与利玛窦见面的时候，他正在考虑纳妾，以广子嗣。但会谈之后，他从南京回到上海，纳妾之议再未提起。

与利玛窦分手之后，徐光启花了两三年时间研究基督教义，思考自己的命运。1603 年，徐光启再次启程去找利玛窦，但利玛窦这时已经离开南京到北京去了。徐光启拜见了留在南京的耶稣会士罗如望，与之长谈数日，经过深思熟虑之后，终于受洗成为基督教徒。

现今的中国历史书上，利玛窦的出现总是和徐光启联系在一起的。但实际上，两个人共处的时间并不长。

徐光启 1604 年入京参加会试，随后入翰林院，开始在北京生活。正是从此时开始，他与利玛窦过从甚密，并于 1605 年开始合作翻译《几何原本》。1607 年，也就是《几何原本》译成付刻的那一年，徐光启的父亲去世，他携家眷送父亲的灵柩回老家安葬。按例需要在老家服丧三年。1610 年，他丁忧期满准备回京复职的时候，利玛窦在北京去世了。两人的密切交往，仅仅只是 1604 年到 1607 年间的事情。这三年影响了徐光启一生，他成为“向西方寻找思想的第一人”，比通常认为的“睁眼看世界第一人”林则徐早了两百多年。

在巨人辈出的 16 世纪和 17 世纪，徐光启在“思维能力、热情和性格方面，在多才多艺和学识渊博”方面，毫不逊色于世界史上的同时代人。《几何原本》成书于公元前 300 年左右，共十三卷，欧几里得在其中创设公理体系，系统整理出了古希腊数学知识，后世又有所增补，共有十五卷行世，并于16世纪由利玛窦的数学老师翻译成拉丁文。利玛窦向徐光启提起此书后，引起了徐光启极大的兴趣。《几何原本》是西方科技的基础，对中国人来说，却是一门完全陌生的学问。利玛窦曾发动另一个学生、才智超人的常熟人瞿太素翻译此书，结果未能成功。17世纪几乎没有中国人懂得拉丁文，仅凭利玛窦的讲授，能理解《几何原本》已属不易，更不用说翻译了；而利玛窦虽然汉语流利，也能书写，但终究不是他的母语，不知哪些字词可以与《几何原本》中的术语对译。他一度怀疑，翻译《几何原本》是否明智。徐光启已经四十四岁，早已错过了学习数学的最佳年龄。进入翰林院是明代士子梦寐以求的事情，那里的课业关系到仕途，如果数学影响他在翰林院的成绩，似乎得不偿失。于是，利玛窦警告徐光启，若非天分突出，恐怕很难将译事进行到底。坐在他对面的那个斯文白皙的中年人却平静地说："我怕困难，困难更大；我不怕它，它自然就怕我。"

这种执着最终获得回报。一年多后，利玛窦在日记中感动地记道：徐光启用清晰而优美的中国文字写出了《几何原本》前六卷，创造性地解决了翻译中的术语问题。简练的中文对译，从"点""线""面"，到"平行线""对角线"，到"三角形""四边形""多边形"以至"相似""外切"等等，一直沿用到今天。

历史就这样被改变了。利玛窦和徐光启为当年刊刻的译本写了长篇序言。徐光启意味深长地将一个汉语中用于设问的词汇——几何——拿来为此书命名。

这是发生在公元1607年的事情，距今已有400余年。

400余年后，今人已经很难发现《几何原本》的诞生有什么了不起的地方。然而，晚清的梁启超却褒扬说，此书"字字精金美玉，为千古不朽之学问"。梁氏丝毫没有夸大，徐光启几乎以一己之力，填补了一个几千年的空白。

几何学在西方历史悠久，西方大学的雏形、著名的柏拉图学园门口有一块牌子，上书："不懂几何者不得入内。"复旦大学教授周振鹤特别指出，四个东方的古老文明，巴比伦、埃及、印度和中国都没有产生几何学。其中巴比伦精于面积计算，中国人算术发达，表现出这些古老东方文明重数量关系而轻空间形式的特点。周教授认为，只有古希腊的文化精神能够出现几何学，因为公理、定理、假设、求证等等概念，只有借由希腊人的逻辑观念才能产生。而这种如此重要并且在西方历史悠久的科学，竟然一直不被中国人所知，对此徐光启感到的是羞耻。当年他向利玛窦请求合作翻译时，利玛窦劝他不要冲动，因为翻译实在太难，徐光启回答说：

一物不知，儒者之耻。

当然，还有一些人则认为，中国在缺乏系统几何知识的前提下，实现了世界历史上一度罕见的繁荣——至少，对传统社会中的齐家治国平天下，几何的用处似乎不大。徐光启对此的回答是：

无用之用，众用所基。

直到今天，这最贴近真理追求者精神的两个回答，仍然光芒四射。

前仆后继

与汉代一样，明代也有一群前仆后继的党人——东林党人。

“风声雨声读书声，声声入耳；家事国事天下事，事事关心。”这是东林党人早期领袖顾宪成撰写的名联，这副对联一是紧扣当时的时代特色——明末风雨飘摇、大厦将倾；二是奠定了整个东林党的基调，那就是对于现实的忧患意识和人文关怀。

因为志向和理念一致，所以东林党人都是肺腑之交，共同把信念的火炬传递下去。何谓肺腑之交？唐代白居易《代书诗一百韵寄微之》中有“肺腑都无隔，形骸两不羁”之句，明代高攀龙《马母林孺人六十序》中有“盖孺人有子曰惟任，与不佞等托肺腑交”之语，为其出典。

高攀龙是与顾宪成齐名的东林党领袖。他有一篇文章，言简意赅地说明了自己的人生观和友谊观：

“人生在世，要做什么样的人，这是第一重要的事，其他的事都处于次要的地位。做人的道理，不必多说，只要看看《小学》这本书就行了。照着书中所说的去做，就不会有错。自古以来，那些聪慧、通达、明智的人，还有那些圣贤豪杰，对此看得最透彻，做得也好，所以他们名垂千古、永不磨灭。如果听到这些话还不信，那就是平庸、蠢笨的人，应该猛醒过来。做一个好人，从眼前利益来看，得不到什么好处，但从长远利益来看，却是占了大便宜；做一个不好的人，眼前可以得到一些利益，但从长远来看，必然要吃大亏。自古以来，成功失败都非常明显，如果有人执迷不悟，那真是可悲！

“说话一定要谨慎，与人交往最重要的是慎重选择。多说一句话不如少说一句话；多认识一个人不如少认识一个人。当然，如果是有才能、品德好的朋友，那就越多越好。唯恐人才难得，要了解一个人相当困难。所以俗话说：‘要做好人，须交好朋友。酵母如果酸了，就酿不出好酒来。’又说：‘丧家亡身的人，八成是由于言语引起的。’这些都是至理名言啊！”

高攀龙与家乡同为进士出身的学者顾宪成志同道合，交谊颇深。为了有一个讲学的场所，万历三十二年（1604），在常州知府欧阳东凤和无锡知县林宰的支持下，高攀龙与顾宪成等人发起在北宋著名学者杨时（龟山）的讲学之所重建东林书院。重建后的东林书院由顾宪成主持，万历四十年（1612）顾宪成去世后，由高攀龙主持，直到天启五年（1625）书院被拆毁为止。

高攀龙等人在讲学的过程中，以自己的政治理想和人格标准来评议朝政，裁量人物，与他们志趣相近的在野士大夫闻风相附，纷至沓来。在朝的李三才、赵南星、邹元标、杨涟等正直官员也与他们互通声气，遥相应和，东林书院实际上已成为社会舆论的中心。他们的反对派对此十分忌恨，诬之为“东林党”，污蔑他们是假借讲学以结党营私。

万历四十八年（1620）七月，神宗去世，皇太子即位，是为光宗。光宗在位仅29天便一命呜呼。其后，他的长子朱由校即帝位，是为熹宗。熹宗即位后，东林党人因拥戴有功，重新崛起。天启元年（1621）三月，高攀龙重获起用，被任命为光禄寺丞。九月，到京就任。这时，他已经是一位六十岁的老人了，长期的修身养性，使他早已超脱了名利甚至生死。

天启二年（1622）正月，关外重镇广宁（今辽宁北镇）失陷，明军被迫退守山海关一线。消息传来，朝野震惊，人心惶惶。高攀龙接连上书要求革新政治，以挽救国家的命运。他在《破格用人疏》中提出要破格用人，加强战守之备，并推荐礼部右侍郎孙承宗担任防御大臣，负责处理战事。他的意见得到了皇帝的首肯，而孙承宗也不负众望，收复了广宁和辽河以西的土地，边境平静了四年之久。同时他还上疏追论三案（梃击案、红丸案、移宫案），要求惩治郑养性、李如桢、崔文升等人。他还上了《恭陈圣明务学之要疏》，向明熹宗阐明读书的重要性。由于在疏中涉及三案，触怒了熹宗，结果反而被罚俸一年。

天启二年九月，高攀龙转任大理寺右少卿，天启四年（1624）升任都察院左都御史。此时，以宦官魏忠贤为首的阉党势力日益扩张，控制了内廷和外廷的行政事务。东林党人向来疾恶如仇，反对他们利用权势，擅作威福，翦除异己，荼毒内外，纷纷上书参劾。双方的斗争进入了白热化阶段，高攀龙也站在了这场政治斗争的风口浪尖。

高攀龙担任左都御史后，就着手清除贪官污吏。他首先命令五城御史在九门张挂《禁绝书仪》。不久，又上《纠劾贪污御史疏》，弹劾御史崔呈秀。疏中揭露崔呈秀在巡按淮扬地区时，贪赃枉法，铺张浪费，要求从重处分。吏部尚书赵南星经过认真复查，认为事实确凿，提议将崔呈秀遣戍。崔呈秀得知后，连夜投奔魏忠贤，认魏忠贤为义父。

高攀龙认为，要治理好天下，地方官是否贤良十分重要，因此拟了一道《具申严宪约疏》，对地方官的职责作了“课农桑”“兴教化”“育人才”等五十五条具体的规定，府、州、县据此层层考核。他在给登莱巡抚袁可立的书信《答袁节寰中丞》中说道：“今天下难联者人心，难得者人才，难鼓者士气，得老公祖（袁可立）一点真精神不难矣。”此时，魏忠贤、崔呈秀等人正借会推山西巡抚一事大肆迫害东林党人，结果高攀龙奏疏还未来得及呈上，就被借故罢斥了。

高攀龙等人被罢黜后，以魏忠贤为首的阉党全面控制了朝廷内外大权。他们大兴冤狱编派了《缙绅便览》《点将录》《天鉴录》《同志录》等黑名单，将不依附于魏忠贤的官员开列在内，统称为东林党人。高攀龙作为东林党的核心人物，自然成为阉党迫害的重点对象。

天启五年（1625）四月，阉党诬蔑东林党人杨涟、左光斗、袁化中、魏大中、周朝瑞、顾大章受贿，将他们送到北镇抚司诏狱，严刑拷打，杨涟等五人死于狱中，顾大章自杀，史称“东林六君子”。八月，魏忠贤下矫旨，将全国的书院全部拆毁，首先就从东林书院拆起。当东林书院被魏忠贤阉党拆毁时，高攀龙写下悲愤激昂的诗句：“纵然伐尽林间木，一片平芜也号林。”

天启六年（1626）二月，魏忠贤指使其党羽诬告高攀龙、周起元、周顺昌、缪昌期、李应升、周宗建、黄尊素七人贪污十余万两，企图将东林党人一网打尽。高攀龙得知消息后，自知不免，却十分镇静。三月十六日一早，他整冠束带，衣袍整齐，去拜谒了先贤杨龟山祠。回家后与弟高士鹤及两位门生赏花于后花园池畔，谈笑自如。谈兴正浓时，有人叩门而入，告知阉党要抓他的确切消息，顿使高家满门惊惶，唯有高攀龙神情泰然，微笑着对亲人说，“吾视死如归耳”，叮嘱儿孙“无贻祖羞”。还说：“如果贪恋残生，岂不辜负了平生的学问！”当天晚上，全家款叙，高攀龙说笑无异平日。深夜，风声更紧，高攀龙悄悄起床至书斋，写《别友柬》，并提笔向熹宗皇帝奏最后一疏。书毕，即换上朝服自沉于后花园池中，以示不愿受辱于阉党。高攀龙在遗疏中写道：“臣虽削夺，旧系大臣，大臣辱则国辱，故北向叩头，从屈平之遗则。君恩未报，愿结来生。臣高攀龙垂绝书，乞使者执此报皇上。”高攀龙在痛苦无奈之际曾留言同年挚友袁可立道：“弟腐儒一，无以报国，近风波生于讲会，邹冯二老行，弟亦从此去矣”。其言犹未尽之厚望可见于笔端。

高攀龙死后，墓葬今梅园南华利湾。崇祯二年（1629），高攀龙得到平反昭雪，赠太子太保、兵部尚书，谥忠宪。

但这样的追谥，又何如“天下兴亡，匹夫有责”来得响亮和永恒呢？

骄龙如是

一龙去，又来一龙，他就是后起之秀陈子龙。

这个早年的神童、才子，后来的忧国贤臣，最后从容赴难的志士，形象相当正面。乾隆年间，就连他的敌人、他矢志抵抗的清廷，也追谥他“忠裕”。

陈子龙为人坦然舒展，他与钱谦益“素称知己”。崇祯十年（1637）钱谦益、瞿式耜被温体仁等暗算、逮至北京下狱后，陈子龙欲去探监，仆人曾建议他悄悄前往。他不以为然：“亲者无失其为亲。”遂正大光明策马而去，待了一天才回来，并为之殷勤奔走，不怕触犯当权者。

陈子龙更为人津津乐道的是他与柳如是的一段情缘。当时，江南一代名妓柳如是，年方二十余岁，“色艺冠绝一时”，诗赋工丽，尤长近体七言，堪称才貌出众，风流十足。不少文人才子对她“一见倾心”，爱慕不已。陈子龙虽曾流连声色诗酒，但对柳如是却没有太多好感。柳如是以陈子龙“负海内重名”，欲委身于他，从盛泽至松江屡以刺谒，自称女弟。“陈严正不易近，且观其名纸自称女弟，意滋不悦。”柳如是才转而嫁给钱谦益做继室。

早期陈子龙所抗争的对象是魏忠贤宦官集团。天启三年（1623），十六岁的陈子龙举童子试，名居第二。时大批廷臣因为反对魏忠贤，纷纷被削职为民或被捕下狱。父亲陈所闻告病在家，每阅邸报，扼腕叹息，教陈子龙剖析邪正，明辨是非。天启五年（1625），阉党矫旨到苏州逮捕乞假在家的文选员外郎周顺昌，激起吴民公愤，“奋击缇骑至死”。为伸张正义，抗议阉党的不法行为，陈子龙冒着灭族的风险，缚草为人，“书奄名射之”。从这一年开始，他先后与本郡夏允彝、徐孚远、周立勋、宋徵璧以及苏州、嘉兴等府的一些文人学士结为好友，切磋学术，议论时务，后来他们大都成为明季江南党社运动的骨干分子。

崇祯二年（1629），陈子龙中秀才，拔为第一。是年，夏允彝、杜麟征二人在松江组织“几社”。“几者，绝学有再兴之几，而得知几其神之义也。”最初入社者有周立勋、徐孚远、彭燕三人。陈子龙“甫弱冠，闻是举也，奋然来归。诸君子以年少讶之，乃其才学则已精通经史，落纸惊人，遂成六子之数”，世称“几社六子”。几社和其他文社一样，起初是通过以文会友，选择知己，学习制艺，后来随着政治形势的变化，逐渐演变成一股政治势力。几社的主要特点是取友极严，非师生子弟不得入社，社友亲如兄弟。它成立后汇刻制艺范本《几社壬申文选》，集六子之文，人各六十首。又刻《几社会义初集》《二集》《三集》《四集》《五集》，几社的声势由此大振。陈子龙的名气亦因之日重，登门求教者不断。崇祯三年（1630）秋，应乡试，中举人。崇祯十年，与夏允彝同中进士，俱在丙科，当就外吏。陈子龙选得广东惠州府司理，未抵任而闻继母亡，回家治丧。

此时明王朝已危在旦夕，尖锐的民族矛盾和阶级矛盾，促使一批忧国忧民的知识分子对王门后学的空谈误国产生强烈的不满，大声疾呼“经世致用”，以改变残酷的社会现实，陈子龙就是其中一位典型代表。这一时期，他为古代中国科学文化的发展做了两件极有意义的事情。

崇祯十一年（1638）夏，陈子龙以“君子之学，贵于识时；时之所急，务之恐后”的紧迫感，与徐孚远、宋徵璧一起，从明朝名卿大臣等的文章中“撷其精英”，辑成《皇明经世文编》，凡五百零四卷，又补遗四卷。该书选文以明治乱、存异同、详军事、重经济为原则，内容十分丰富，包括政治、军事、赋役、财经、农田、水利、教育、文化、典章制度等等。它是一部“从历史实际出发，总结了明朝两百几十年统治经验，企图从中得出教训，用以改变当前现实、经世致用之书。这部书的编辑出版，对当时的文风、学风是一个严重的挑战，对稍后黄宗羲、顾炎武等人讲求经世实用之学，也起了先行的作用”。

继后，陈子龙又整理了徐光启的农学巨著《农政全书》。徐光启负经世之志，一向把农事当作“生民率育之源，国家富强之本”。对于徐光启的为人和学问，陈子龙向来是十分敬佩的，早年曾到北京拜访他，

“问当世之务”。徐光启谢世后，陈子龙从其次孙徐尔爵处得《农政全书》草稿数十卷，日夜抄录。崇祯十二年（1639），精心删补，灿然成《农政全书》六十卷，并作《凡例》，概述《农政全书》基本宗旨、各篇主要内容、思想渊源和徐光启的独到见解，同时抒发了他本人的社会经济主张。编辑《皇明经世文编》和整理《农政全书》，是陈子龙一生中在经世实用方面两项最主要的贡献。

此后，陈子龙曾一度“欲绝仕宦”，在家“广其宅，示无志四方也”。然而，面对着明末农民大起义的燎原之势和清军的步步进逼，从巩固明朝的根本立场出发，最终还是放弃个人打算，于崇祯十三年（1640）六月，出任浙江绍兴府司理，寻兼摄诸暨知县。崇祯十七年（1644）初，陈子龙因招抚浙江东阳县诸生许都起义有功，授兵科给事中。但许都投降后，由于浙江巡按左光先不顾陈子龙的再三要求，违背当初许下的只要许都自缚来降，“当待以不死”的诺言，在许都率众出山投降之后将许都及部众六十余人杀死，对此陈子龙很是不满；又闻祖母病甚笃，便没有去赴任，于三月乞身归里。五月二日，陈子龙得知京师已陷，悲痛欲绝，血泪沾衣。福王朱由崧监国南京以后，起陈子龙原官。六月入朝就任，但福王腐朽无能，大权控制在首辅马士英手里，陈子龙的一切建议不但没有被采纳，反而引起马士英的“深疑”，群小更是“见嫉如仇”。陈子龙愤然离开朝班，于九月请假回家。

弘光元年（清顺治二年，1645 年）五月，南京失守，福王政权至此结束，陈子龙避地泖滨。有旧友陈洪范时已降清，派人招抚他和夏允彝，夏允彝抗辞答之，陈子龙则避而不见。又有故明参将洪恩炳，与陈子龙“素执弟子礼”，亦降清，自称“安抚使”路过松江求见，陈子龙亦拒之门外，矢志坚持抗清立场。闰六月，江南各郡组织义军，掀起轰轰烈烈的抗清运动。松江府籍的故明官员也同样在城内募兵抗清。这时，陈子龙与徐孚远及陈湖义士集众千余人驻扎陈湖，伺机起兵。夏允彝致书联络吴淞副总兵吴志葵、参将鲁之玙率水师三千自吴淞入泖湖，总兵官黄蜚率船千艘、水师两万人由无锡到此会合。是月初十日，陈子龙设明太祖像誓师起义，原明两广总督沈犹龙称总督兵部尚书，陈子龙称监军左给事中，军号“振武”。陈子龙所集义兵，虽有千余之众，但“饷无所办”，且多泖滨渔人，不知纪律，不堪大用，与吴志葵水师进攻苏州失败。黄蜚不听陈子龙的劝阻，将两万水师移营黄浦江，因沿途水道狭隘，不利旋转，单行数十里，首尾不相应，仅支撑两月，就被清军击败。八月三日，松江城陷，沈犹龙等皆阵亡。陈子龙在城西遇清兵，得逃脱，携家走昆山。夏允彝投水死。

继而，陈子龙避难青浦县金泽，最后隐姓埋名入嘉善县陶庄水月庵，托为禅僧，取名信衷，字瓢粟，号颍川明逸。但他毕竟心系“复明”大业，不久又投入征战之中。至顺治三年（1646）秋，浙东、福州失守，陈子龙闻之“志不欲生”，泣然曰：“茫茫天地将安之乎，惟有营葬大母归死先垄耳。”即于七月遣家归里，十一月，殡葬祖母于广富林。并作长书焚夏允彝墓前，“述己所以未死之故，期不负夏公”。顺治四年（1647）初，在广富林家居时，念生平知友如夏允彝辈一时零落殆尽，周立勋之死亦已数年，而丧未举，慨然曰：“我死，谁为了此事者。”遂捐地葬之。三月，会葬夏允彝，陈子龙赋诗二章，又作《寒食》《清明》二词，此系其生前最后留下的文字。

清松江提督吴胜兆，辽东人，以降将从征到江南。顺治四年四月，吴胜兆因为与江宁巡抚土国宝有矛盾，遂密谋策划起兵反清。他的部下戴之儁是陈子龙的旧识，积极支持吴胜兆起兵，并微服私访陈子龙，一再请求陈子龙写信联络黄道周（黄系陈座师）族子、鲁监国舟山守将黄斌卿率舟师为外应。陈子龙认为：黄等“虚声寡信，事必不济”，没有答应戴的要求，并说：“海舶往来，不乏信使，你等好自为之，我决不阻拦。”戴即离去，“自是不复相闻矣”。是月十六日，吴胜兆未举兵而事泄被捕入狱。清军诬陈子龙与吴“共谋”，遣兵捕之。被捕后，巴山等人对陈子龙进行审讯，他“植立不屈，神色不变”。陈锦问他为何官？曰：“我崇祯朝兵科给事中也。”又问：“何不剃发？”曰：“吾惟留此发，以见先帝于地下也。”又问，陈子龙凛然挺立，拒不回答。

五月十三日，陈子龙被押往南京，在途中经松江境内跨塘桥时，他乘守者不备，突然投水，捞起时已经气绝，清军还残暴地将其凌迟斩首，弃尸水中。时年四十岁。次日，陈子龙门生王沄、轿夫吴酉等在毛竹港找到他的遗体，具棺埋葬。

陈子龙和高攀龙一样，支撑着他们的就是“我死，谁为了此事者”这样一种信念，他们把对于友谊的忠诚，转化为对于信念的忠诚和对于事业的忠诚。

顺便说一句，在那样的时代，就连坠入风尘的女性，也有着不俗的风骨。与陈子龙交往的柳如是如此，顾横波等“秦淮八艳”中的其他人也如此。而且，她们之间也发展了一种真挚的情谊。

柳如是嫁给钱谦益以后，钱谦益再度出山，成为贰臣，柳如是不齿其行为拒绝与钱谦益一同进京，独自留在了虞山家中。明朝覆亡之后，柳如是更是以身殉国，跳入水中，幸被人救起。而钱谦益在柳如是的鼓动下，也开始支持地下反清运动，帮助义士，竭尽心力。后来，钱谦益病逝，钱氏族人上前勒索取闹，柳如是不堪欺侮，用自杀的方式保全了自己的尊严。一个弱女子，其独立的人格、刚烈的个性、不屈的风骨，让人不禁肃然起敬。

顾眉，字横波，金陵人，自称横波夫人。嫁龚鼎孳后改姓徐。《板桥杂记》称她“庄妍靓雅、风度超群”。她通晓文史，工于诗画，所绘山水天然秀绝，尤擅画兰。曾与李香君、王月等人一同参加扬州名士郑元勋在南京结社的“兰社”。顾横波还精通音律，曾反串小生与董小宛合演《西厢记》《教子》。顾横波居住在眉楼，时人戏称“迷楼”。

柳、顾二人名噪一时，才气纵横，柳如是常常儒士装扮，自称为“弟”；顾眉生亦豪侠仗义，时人多称其为“眉兄”。她们侠骨嶙峋，帮助过许多落难文人兄弟。

这种姐妹间的友谊，如秦淮河水中抱团的浮萍，也似照影而来的一只只飞鸿——人越是在身世飘零、面对危难的时候，越渴望知己，越需要友谊。

大师之盟

八大山人一直都有个心愿，去见一下扬州的苦瓜和尚——石涛。

于是他就不辞辛苦，连着坐了两天的船，来到了扬州的古运河上。这时船上摆舟的人对八大山人说：“老人家啊，听说你要去大涤堂，你是向那个老和尚买画的吧?”八大山人笑了笑，答道：“您怎么知道的?”船家说道：“大涤堂，名声大着呢。找他画画的人多着呢。这个和尚以前是个王爷，落地凤凰不如鸡了哦，如今是靠画画混饭吃了。都说他画得很好，花几十只老母鸡的钱才可以换得他纸上的一只小鸡。并且这个和尚呀，很有脾气的。吃软不吃硬的。土财主上门，摆出一副吆五喝六的架子，他是一笔都不画的。你要是向他求画呀，态度要和软一些哦。”

八大山人点头称是。

这样船就入了城，石涛的住处八大山人很快就找到了。石涛陪着八大山人，在大涤草堂前前后后走了一圈。八大山人指着院子中间的两棵高大的槐树说道：“你这屋子刚刚建两年，怎么会有这样的古树呢？这树应该是前朝留下来的遗物吧?”八大山人身边的这位石涛和尚，是一个身材矮小瘦削，年至花甲的老者，笑起来满脸的皱纹，很显得苍老。石涛说：“要是没有这两棵大树，我是不会选在这儿建草堂的。要是有大雨下来，大树上下会通体透亮，一片翠绿。有感于此，晚辈才自名大涤堂，上下一起涤啊!”院子的南边是一片荷塘、一篱花草，北边是一片修竹。这时石涛便悠悠地说道：“在下的画就在前面呢，我们过去看看……”

草堂中间悬挂着一张画作，在画作旁边配着一副石涛自书的对联：“未应淮海无豪士，长恨乾坤有腐儒。”

八大山人正在看画，石涛喊了六七个人出来，叫八大山人坐在草堂中间的座位上。然后就由石涛带头，一齐向八大山人下拜。

八大山人慌忙说道：“这怎么能行呢？”赶紧起身。石涛上前按住他说：“怎么不行呢？论宗谱辈分，你比我都长几辈，按理说啊，你是朱家的老祖宗了，受儿孙之礼，是天经地义的事啊。千万别动！”

石涛领着几个人结结实实地磕了几个头。八大山人满脸的惶恐不安，说道：“这是要折我的寿了。虽然说是同宗，但是支脉很远了。”石涛说道：“远也好，近也好，长便是长，幼便是幼。是变不了的道理。我虽然说知道一点家世，但是从没见过一个家人。现在总算是见到一位亲人了。”石涛说着，眼泪就流了下来。周围人无不为之感动。

就这样八大山人在大涤堂住了三天，对石涛说要告辞了。石涛挽留八大山人：“在草堂住下，吃饭穿衣不用发愁的，就算是儿孙的一点孝心吧，有个家，有点病痛也有个照应的呀。”八大摇头：“八大无家还是家……”

这两位患难与共的落寞王爷，一样的身世，一样的悲伤，又一样的才艺超拔。虽然石涛比八大山人小十五六岁，但他们互相敬慕。石涛、八大山人的友谊还表现在合作绘画上：八大山人画的《水仙图》卷，有石涛的题识；石涛的《墨兰册》，有八大山人的题跋。他们还直接合画《兰竹图》轴，八大山人写兰，石涛画竹，石涛题曰："两家笔墨源流，向自独行整肃。"据《扬州画舫录》载："石涛兼工垒石。"

他们的作品都是有感而发、有感而写的，是在抒发自己的心声。甚至可以说，每件作品都是用生命去创作的，不是仿效、不是做作、不是无病呻吟，是痛痛快快地表述，是那样的洒脱、那样的淋漓尽致。这就是他们作品的真谛，也是他们本我的坐标。

飘零一杯

国学大师王国维在他的《人间词话》中，对纳兰性德（字容若）的词推崇有加："纳兰容若以自然之眼观物，以自然之舌言情。此由初入中原未染汉人风气，故能真切如此。北宋以来，一人而已。"

作为大学士明珠的儿子，纳兰性德没有李白那种"天子呼来不上船，自称臣是酒中仙"的豪迈气概，也不可能拒绝"皇恩浩荡"，他捧着文房四宝上了天子的船，一边为皇帝保驾，一边做着职业以外的工作：吟诗填词。而他的不务正业照样赢得了皇帝的宠信。康熙爱读性德的诗词，经常赏赐给他金牌、佩刀、字帖等礼物，以资鼓励。

虽然长年待在皇帝身边，但是后人却并未将纳兰性德归入"御用文人"之列。这可能是因为他的大多数作品都是写给自己的，情真意切，言辞优美。尤其是他的爱情诗，缠绵悱恻，感人肺腑，并不比唐代的李商隐和宋代的柳永逊色。同时，他还是一位特别珍视友情的文人，而且由于自己的独特地位，他还成为那个时代大文人之间交往的一个情感中心、枢纽和发动机。

凡对清史，尤其是文学史有所了解的人，对三位著名词人吴兆骞、顾贞观、纳兰性德之间的故事，应该不会陌生。他们的故事由吴兆骞引发。

吴兆骞从小随父游历，自幼好学，少有隽才，傲岸自负。及长，更是锋芒毕露。如他曾对另一位才子，也是友人汪琬说："江东无我，卿当独步。"即有他吴兆骞在，你汪琬就不可能独领风骚。顺治年间，发生了著名的"丁酉科场案"，吴兆骞也受到牵连。顺治帝在严惩涉案官员后，还在中南海瀛台亲自复试该科江南中试举子，以辨其真伪。自视甚高的吴兆骞依然不改桀骜不驯的品性，声称："焉有吴兆骞而以举人行贿乎？”表白自己考试根本不需要靠行贿作弊。事后经礼部、刑部查实，吴兆骞确实没有行贿作弊，但他还是为在顺治帝面前的特立独行（一说系遭仇人陷害）付出了惨重代价：流放宁古塔！

顺治十六年（1659）闰三月初一，吴兆骞离京赴戍。顾贞观等好友为他送行，朋友们的心情无比伤感，但吴并不屈服，就像他先前在狱中写诗云：“冤如精卫悲难尽，哀比啼鹃血未干。”向送行的朋友们挥一挥手，毅然转身上路。只是他绝不会想到，这一去就是整整二十三年。

康熙二年（1663），吴兆骞的妻子葛氏携家仆也来到宁古塔。在流放地，吴的作为应该说可圈可点。如亲身投入抗击沙俄侵略的斗争、创作了大量爱国诗篇、得到宁古塔将军巴海器重，被任命为书记官，并教授其子课业。但随着岁月流逝，他的思乡之情越来越强烈了。

顾贞观比吴兆骞小六岁，两人因文结缘，成为莫逆之交。顾曾中举入仕，后又在京城当上一名典籍官。但他看不得官场中的尔虞我诈、钩心斗角，更担心自己被卷进去，遂于1671年春毅然去职。五年后，顾进入当朝大学士明珠家当家庭教师，为其公子纳兰性德授课。

顾贞观就是在认识了纳兰性德后，一下子想到靠自己和几个朋友救吴无望，但可以通过纳兰性德说服其父明珠救吴兆骞。那天，纳兰性德读了顾贞观写给吴兆骞的两首《金缕曲》，读到“廿载包胥承一诺，盼乌头马角终相救。置此札，兄怀袖”，“薄命长辞知己别，问人生至此凄凉否？千万恨，为兄剖”，不由感动得流下了眼泪。顾贞观趁机相托救吴一事。纳兰性德答应帮忙，但他知道难度很大，所以提出希望给他十年时间。顾贞观一听急了，说："人寿几何？请以五载为期。"顾贞观真是十足书生气，生活在今天的我们，恐怕没见过这样求人办事的，简直是得寸进尺！但纳兰性德性情率真，毫不在意，只是慨然允诺。

后经多方运作此事，吴兆骞终于在1681年他五十一岁那年离开宁古塔南归。与京中亲友相聚时，"执手痛哭，真如再生也"。可以想见，朋友中最激动最兴奋的，一定莫过于顾贞观。为了让吴兆骞早日结束流放生涯，重新回到朋友们身边，多年来他费了多大劲，吃了多少苦啊。

吴兆骞回京以后，旋即被纳兰性德聘为馆师，为其弟教授学业。吴兆骞于1684年10月病故，此时纳兰性德人在江南，他得信后立即回京，为吴兆骞操办丧事，并出资护送灵柩回到吴的家乡吴江。这就是所谓的"生馆死殡"。

再说顾贞观，他在康熙二十年（1681）秋便以母丧南归，回无锡守孝。二十三年（1684）秋，顾贞观于惠山端文公（顾宪成）祠，构积书岩于芙蓉亭之侧，为堂三楹，累石疏泉，颇得幽居之乐。

十月，康熙帝南巡，时任二等侍卫的纳兰性德扈驾随从至无锡，访顾贞观于家（即忍草庵，顾家称之为桑榆墅的地方）中。旧友重逢，真是千言万语都说不尽，于是两人避开城市嚣尘，夜登贯华阁，摒从去梯，彻夜长谈。

纳兰性德回京后，第二年，升一等侍卫。五月，与顾贞观、姜宸英等聚集花间草堂。次日，忽得寒疾，闭汗七天，虽经康熙皇帝亲自过问，治疗抢救，终因病势沉重，竟成不治。这位相国公子，带着对友朋的无限眷恋，撒手人寰，年仅三十一岁。

顾贞观和纳兰性德分别在诗中记到贯华阁夜谈的雅事。其中顾贞观步苏东坡《念奴娇·赤壁怀古》原韵的一阕词如下：

倚楼清啸，休重问，烟阁云台何物。总似矶头黄鹤影，瞥眼横过石壁。百战孙、曹，一篇崔李，数点鸿泥雪。只应沉醉，傲他千古人杰。

谁道兰蕙多情，一般芳草渡，萋萋争发。别有凭栏无限意，不受潮痕磨灭。万里空明，年时曾照取，镜中颜发。等闲孤负，第三层风月。

词后，他写了一段引人注目的跋语："呜呼，容若已矣，余何忍复拈长短句乎？是日狂醉，忆桑榆墅有三层小楼，容若与余昔年乘月去梯，中夜对谈处也。因寓此调，落句及之。"

纳兰性德也有《忆江南》（或称《梦江南》）词云：

江南好，真个到梁溪，一幅云林高士画，数行泉石故人题，还似梦游非？

除吴兆骞、顾贞观之外，与纳兰性德相交至深的还有一位著名词人，他就是朱彝尊。朱彝尊比纳兰性德年长二十六岁，两人是忘年交。在结识纳兰性德之前，朱彝尊已凭《江湖载酒集》《静志居琴趣》两部词集在词坛扬名，纳兰性德对朱彝尊仰慕已久，两人相识后更是惺惺相惜。有一次两人同游北京西郊冯氏花园，观赏海棠，纳兰性德即兴作《浣溪沙》一首，其中"谁道飘零不可怜，旧游时节好花天，断肠人去自经年"几句让命运多舛的朱彝尊感慨良深，于是作《鹧鸪天》一首回应纳兰性德，其中两句纳兰性德最是喜欢，那就是"莫问天涯路几重，轻衫侧帽且从容"。"侧帽"，出自北朝贵族青年独孤信的一则典故：独孤信姿容绝代，为世人仰慕。一天他出城打猎，回来的时候不小心被风吹歪了帽子，他急着赶路没有留心这个细节。等到第二天，满城的男子们都学独孤信的样子歪戴帽子。朱彝尊借"侧帽"的典故，用独孤信暗喻纳兰性德。后来纳兰性德刊刻了自己的第一部词集，就取名叫作《侧帽集》。集中词作随着侧帽风流不胫而走，传唱京城，传唱全国。

如果人生真是一场梦游，那么纳兰和他的词人朋友所经历的，一定是一场包裹着热泪与欢笑、真情与意气、风雨与美景的绮梦。

古枣树下

鲁迅曾经石破天惊地写下一串美丽的汉字："在我的后园，可以看到墙外有两株树，一株是枣树，还有一株也是枣树。"在许多人看来，这类似废话，而在我看来，这似乎蕴含着一种对于友谊的渴望。

古枣树是北京的特色之一，在北京四合院中古枣树最多。因枣树"外表多荆棘，内中实赤心"，所以在很多名人故居中，都植有古枣树。如文天祥祠、于谦故居、杨昌济故居、鲁迅故居、老舍故居、田汉故居等。

而北京最出名的一棵古枣树则屹立在清雍正乾隆年间的"右翼宗学"内。这是一座大型的多重四合院，其北院中巍然屹立的那棵巨大的古枣树，高达十五米，干周长达三米，始植于明初，距今已六百多年，是北京的"古枣树之最"，人称"京都古枣第一株"。这棵古枣树的粗干盘错挺拔，犹如巨龙昂首向天，无数的枝干刺向半空。

这座大宅里先后居住过很多古今文化名人，曹雪芹可以说是其中最著名的人物。

当时曹雪芹在"右翼宗学"任教，他的学生中，有敦敏、敦诚兄弟，他们俩大约是在乾隆九年（1744）入学的。其时敦敏16岁，敦诚11岁。由于敦敏、敦诚兄弟聪明过人，喜文善诗，和曹雪芹虽是师生关系，年龄相差也较大，但志同道合，志趣相投，曹雪芹和两位学生的关系很好，经常一起在古枣树下谈古论今，逐渐由师生变成好友。敦诚有著名的《寄怀曹雪芹》诗，诗云："当时虎门数晨夕，西窗剪烛风雨昏。接䍦倒著容君傲，高谈雄辩虱手扪。感时思君不相见，蓟门落日松亭樽。劝君莫弹食客铗，劝君莫叩富儿门。残杯冷炙有德色，不如著书黄叶村。"

正像诗中所言，他们“数晨夕”“高谈雄辩”，不但经常在一起饮酒论诗，还有载可查，曹公曾几次到敦敏的住处“槐园”去。关于“敦敏槐园在何处”，红学家们虽多有考证，但至今仍是个谜，不过他们一致认为是在西城西南城墙根一带。

有一年秋天，正是“秋气酿寒风雨恶，满园榆柳飞苍黄”的时节，曹雪芹一大早就去了槐园，与敦诚相遇。此时风雨交加，落叶乱飞，曹雪芹口渴难耐，敦诚随即解下自己的佩刀，换得酒来与曹雪芹对饮，曹雪芹欢甚，大笑称“快哉”，作长歌以示谢意，敦诚也作《佩刀质酒歌》相和。其中最后几句是：

知君诗胆昔如铁，堪与刀颖交寒光。
我有古剑尚在匣，一条秋水苍波凉。
君子抑塞倘欲拔，不妨斫地歌王郎。

除了敦氏兄弟，曹雪芹的朋友中还有于景廉等人。

于景廉，字叔度，江宁人。曹雪芹的老朋友。他曾从军作战伤足，成了残废之人。他全家寄居北京，人口众多，生计艰难，由于他精通绘事，就靠卖画为生。有一年年关将近时，于景廉来见曹雪芹，说话间涕泪俱下，称“家中已有三天没有柴火做饭了。值此严冬，告贷无门，儿女啼饥号寒，让人活不下去了！”曹雪芹听了十分难过，思忖再三，决定传授他“脱其困境之术”，即一种手艺。从此以后，曹雪芹除教于景廉扎制风筝外，还常常为他绘制新图样谱。

人们都知道曹雪芹是伟大的作家，殊不知这位文学巨匠，在烹调上也是一高手。

据敦敏《瓶湖懋斋记盛》记载，清乾隆二十三年（1758）腊月，雪芹在敦敏的槐园曾同于叔度等友人聚会。于叔度对敦敏说：“你和雪芹交往多年，是否知道他擅长江南烹调？今请雪芹做鱼下酒，以饱诸位口福。”

曹雪芹对大家拱了拱手，说声“献丑了”，便下厨去了。不一会儿，曹雪芹做出一道“老蚌怀珠”。他笑着将碗盖打开，一时间那浓郁的鲜香充满整间屋子，举座皆惊。只见碗中之鱼形如蚌壳，以筷子轻启鱼腹，鱼腹之内颗颗“明珠”，莹润光洁。敦敏说：“曾所未见，亦所未闻，不知雪芹是怎样想出这个精妙的烹鱼法?”

其实，“老蚌怀珠”是用一尺长活鲤鱼做的。将鲤鱼除鳞去鳃，抽去腥线，腹开小口掏净内脏，洗净黑膜，肉厚处剞一厘米半宽的刀口待用。把虾仁和肥膘肉剁泥，加料酒、盐、葱姜汁等，搅上劲，挤成拇指大小虾丸，入高汤烫熟。虾丸塞入鱼腹，用线缝合。热锅里倒入猪油、菜油各半，将鱼煎黄。炒锅留底油，爆香花椒，下鱼，倒入用酱油、醋、糖、盐、料酒、葱姜、蒜、麻油兑成的调味汁烹一下，再兑入高汤，焖烧至汤、鱼各半时捞出上碟，余汁勾芡浇在鱼上，即可。上桌时，当众抽去腹上缝线，虾丸破肚而出，故称“老蚌怀珠”。

可见，曹雪芹虽然长期困顿，却有一种苦中作乐的情怀。乐从何来，不能不说，朋友是快乐最重要的来源之一。

就像英国最伟大的作家莎士比亚留下许多谜题一样，曹雪芹也是如此，比如他还有一位最为神秘的朋友——脂砚斋。脂砚斋是《红楼梦》早期抄本的一个批语作者。脂砚斋的批语在红学界称为“脂评”或“脂批”，有脂砚斋批语的抄本被称为“脂本”。但脂砚斋其人是谁，与曹雪芹是什么关系，迄今未形成一致看法。红学界主要有四种说法：一、作者说，二、史湘云说，三、叔父说，四、堂兄弟说。近年来，也有人认为他是北京通州人张宜泉。

这些知名的和不知名的，都是一棵棵枣树，根连在一起，叶相互温暖，果相互守望。

趣友如砚

有言道“君子不夺人所爱”，但有的时候，君子“夺人所爱”，也是交往中的一种“调戏”，一种情趣。

乾嘉年间，刘墉与纪晓岚同朝为官。如果说刘墉与和珅处于对立面的话，那么，他与纪昀的关系则相当融洽。纪昀出自刘墉之父刘统勋的门下，两人有师兄、师弟之谊。大学士英和在其《恩福堂笔记》中记载，纪昀与刘墉关系极好，纪昀才思敏捷，刘墉字写得极佳，故纪昀常请刘墉为自己写对联。比如“浮沉宦海如鸥鸟，生死书丛似蠹鱼”，是纪昀非常喜欢的诗句，生前他曾将此诗作为自挽联。纪昀去世后，刘墉即将其写下来，作为挽联相赠。

两人同好藏砚，也爱赏玩，寻得好砚，常互赠所爱，以为美事，留下许多佳话。以纪晓岚最爱的觳文砚为例，此乃砚中精品之精品，就是他从刘墉那里讨要过来的。刘墉还特意在砚台上写下一段铭文：“晓岚爱余觳文砚，因赠之，而书以铭曰：石理缜密石骨刚，赠都御史写奏章，此翁此砚真相当。壬子二月。石庵。印文：墉”。这段铭文信手拈来，随性所至，刘纪两人的友谊跃然于字里行间。

此砚最为珍贵之处在于它的铭文，除刘墉的这段铭文外，此外还有四段铭文，皆出自当时的名人之手，也是纪晓岚的好友故交，或精于诗文，或工于铭刻。这些铭文不仅对其本身的砚品、砚质多有赞赏，更由砚及人，针砭时政，盛赞砚主。这四段铭文如下——

其一：坚则坚然不顽。晓岚铭。

其二：刘公清苦退院僧，纪公冷峭空潭冰。两公棐几许汝登，汝寔外朴中藏棱。嘉庆丙辰二月曲阜桂馥铭。

其三：城南多少贵人居，歌舞繁华锦不如。谁见空斋评砚史，白头

相对两尚书。师爚。

其四：粹温其外刚其内，其文两己互相背，知汝不为端紫辈。秉绶。

此砚见证了纪晓岚与刘墉这一帮文友的友谊。

嘉庆八年（1803），刘墉又赠送纪昀砚一方，称："送上古砚一方，领取韩稿一部。砚乃朴茂沉郁之格，譬之文格，为如此也。"纪昀也记载道，刘墉送他砚一方，左侧有"鹤山"字，认为是宋代的东西，但他并不以为然。但刘墉又说："专诸巷所依托，不过苏黄米蔡数家耳。彼乌知宋有魏了翁哉？"大意是说，仿照宋代的古董，一般都宣称是苏东坡、米芾等人的东西，怎么会假冒魏了翁的名号呢？纪昀承认，刘墉所言"是或一说矣"。

嘉庆九年（1804），刘墉去世之前，还给纪昀送过砚，纪昀在砚上题词说："余与石庵（刘墉）皆好蓄砚，每互相赠送。亦互相攘夺，虽至爱不能割，然彼此均恬不为意也。太平卿相，不以声色货利相矜，而惟以此事为笑乐，殆亦后来之佳话欤？"

除了写诗赠砚，两人还经常在一起畅谈佛法，足见两人感情之深、私交之好。

如今这些旷世才子们都已作古，而砚台仍在，仍能研磨出与友谊一样醇厚的墨香。

扬州二怪

作为“扬州八怪第一怪”的汪士慎，其书画造诣之深，是举世公认的，但他的苦难却是很多人不知道的。他年近四十到扬州时，寄居在同乡大户马氏兄弟家。十年之后，卖画挣了些钱的汪士慎终于买了自己的房子，于是又成了“穷光蛋”。如果还像以前那么写字、作画，汪士慎的日子当然会滋润起来，但命运之神似乎一直在要弄着他。

就在乔迁青杉书屋的那一年，汪士慎患了眼疾。他的眼睛又热又痛，尤其是左眼，眼底布满血丝，红肿流泪。眼睛，对于一个普通人来说，其重要性已不言而喻，更何况是一个要靠眼睛来观察世界的画家呢？但汪士慎没有钱去求医问药，只能忍受着眼疾的煎熬。

他的眼疾越来越严重，但为了生计，还得不停地画。五十四岁时，他在画完一幅《梅花图》后，左眼终于失明。可能是早有思想准备，所以他并未表现得十分消沉，而是乐观豁达，继续作画，并称自己的创作是“独目著寒花”。他这时的画，已被当时“扬州八怪”之一的郑板桥评价为“清品极高”。

然而，祸不单行，汪士慎的左眼已经失明，右眼的疼痛也在不断加剧。对此，汪士慎表现得十分镇静，他似乎感觉右眼失明是迟早的事，因此，在失去观察能力之前，他一是尽情地多看，多看花卉风景；二是抓紧整理自己的诗集。

“扬州八怪”的一个共同特点是“诗画相兼”，其中汪士慎的诗写得尤其好。他在左眼失明后的第四年，将自己的诗作辑为四卷，名为《巢林集》。加上后来的诗，他的《巢林集》一共收集诗歌七卷。汪士慎非常想把自己的诗集刻印出来，但就他的财力，显然是心有余而力不足。还是老乡马氏兄弟理解汪士慎，他的七卷诗集《巢林集》最后是由马氏兄弟资助刻印的。汪士慎在双目失明之前能见到自己的诗集刊刻付印，当然是最令他快意的事。

六十六岁时，不幸再次降临在汪士慎的头上，他的双目失明了，外面的世界彻底拉上了帷幕。这个时候，他只有靠自己的“心”来观察世界和人生了，因此，他给自己取了个有趣的名字——心观道人。

两年之后的初春，突然降了一场大雪，天地间白茫茫一片。“扬州八怪”之一的金农，坐在家门口，情趣盎然地欣赏着眼前的雪景。看到兴奋处，他关上门，回到屋内，挥毫作画。

不一会儿，有人敲门。门外的狗也叫了起来。金农放下笔，去开门。

啊！是汪士慎！是一个小童领着他走来的，汪士慎已经失明好几年了，居然在这个天气里来到金农家。

两人喝着热茶，谈着书画。说到兴致高时，汪士慎激动地用手摸索着去寻找纸笔。金农赶紧为汪士慎铺开纸，研好墨，将笔递在汪士慎手中。汪士慎全凭自己的感觉，挥笔在纸上创作了一幅狂草书法！金农看着看着，泪水止不住流下来。谁敢相信，眼前的这幅狂草作品出自一个双目失明的盲人之手？金农忍不住在这幅作品的边上留下自己的一首长诗：

双扉久不闻人声，忽惊打门声丁丁。
黄犬吠客披衣迎，咄哉盲翁无世情。
……
袖中大字大如斗，自言写时顿运肘。
心光顿发空诸有，当前多少美少年，
有眼有手徒纷然，但见满纸丑恶笔倒起颠。
叟兮又言小弟目盲非不祥，
老兄软脚叉又何妨？
木棉裘暖饱饭日，
复日明日还来荒寺话斜阳。

在金农看来，那些青年（“美少年”）有眼有手又怎样？只会写些“丑恶”而已！而眼前的盲人汪士慎却是那样高洁，不染世俗之情

（“无世情”）。眼睛瞎了，并不是不祥啊，“脚软”也照样能走能跑，改日还来与老兄“话斜阳”——这是多么超脱的一个盲人艺术家！

当然，双目失明后的汪士慎继续走访知音的事，肯定还有，但这之后还提笔“狂草”，就没听说过了。他后来的几年是如何度过的，现在无人知晓。人们知道的只是这位杰出的艺术家死于 1759 年，即七十四岁时离世。

但他用心创造的作品、用心创造的友谊，却如雪中的翠竹，永远常青。

豁达多友

“财富不是永久的朋友，朋友却是永久的财富！然而，一个人的朋友毕竟是有限的，如果能与文人才子为友，则不仅拥有永久的财富，而且可以享有无穷的乐趣。”这是台湾沈谦教授在其著作的自序《与二十世纪中国文坛巨星为友》中的一段隽语。

袁枚就是有无穷趣味的人，用陈丹青评价鲁迅的话说，也就是“很好玩”的人。

晚年袁枚干过一件相当另类的事，那就是作诗自挽。

还是在袁枚四十岁左右的时候，相士胡文炳为他占了一卦，说他六十三岁生子，七十六岁寿终。后来袁枚果然是在六十三岁添子。欣喜之余，他禁不住暗自思忖，七十六岁当是自己的生死大限了。

到了七十六岁这一年，袁枚的身体果然是大不如前，他深信自己是死期将至，第一反应竟是赶紧作歌自挽。袁枚的自挽歌题目很长，叫《腹疾久而不愈，作歌自挽，邀好我者同作焉，不拘体，不限韵》。歌云：“人生如客耳，有来必有去。其来既无端，其去亦无故。但其临去时，各有一条路……逝者如斯夫，水流花不住。但愿着翅飞，岂肯回头顾……”

袁枚不光自己写自祭文、自挽诗，还广泛号召同仁好友给他写挽诗。朋友们不好意思为活着的人写挽歌，响应者寥寥。见状，袁枚又写了《见诸公挽章不至，口号四首催之》，对大家进行引导和鼓励。其中一首写道：“久住人间去已迟，行期将近自家知。老夫未肯空归去，处处敲门索挽诗。”他还说，“腊尽春归又见梅，三才万象总轮回。人人有死何须讳，都是当初死过来。”

在袁枚的一再索求下，赵翼、姚鼐、孙士毅、钱维乔、法式善、洪

亮吉、钱大昕等三十余人被迫写来挽诗。这些诗或调侃，或挽留，或赞美，一时成为文坛佳话。

这年的除夕之夜，袁枚早早将家人召至身旁，一一话别后，便坐在那儿静静地等待死亡的降临。可是天亮了，死神并没有降临，全家人为之欣喜。袁枚更是高兴得手舞足蹈，一边跳一边大叫：“我要把自己的名字改叫‘刘更生’，不，不，应该叫‘李延年’。”为了表示庆贺，袁枚又一口气写下了《除夕告存戏作七绝句》。

在给友人的信中，袁枚这样坦言他的生死态度：“人在天地间，不有生，何有死？若云死可悲，当知生已误。”不仅如此，他还说：“人之所以有死生者，命也；其所以命有长短者，气数也；其所以有气数者，虽问圣人，圣人亦不能知也，任其自然而已。”

正是因为拥有正视人生总有一死的泰然态度，袁枚才有兴致以自己的死作为“聊以自娱”的题材，不仅自己写自祭文、自挽诗而且邀请别人也写；正是因为练就了旷达的人生观，袁枚才能在关键时刻看破生死，成为名传后世的八十二岁高龄的“一代文星兼寿星”。

写挽诗的朋友当中，姚鼐有些特殊，因为他是一位标准的正统文人，是桐城派领袖，与袁枚这样的另类文人判然有别。但二位都十分豁达，因此倒也结下了不俗的友谊。

乾隆四十八年（1783），姚鼐担任安庆敬敷书院主讲期间，结识了来黄山、安庆等地游玩的文坛怪杰袁枚。说起来，袁枚与姚鼐的伯父姚范还是同科进士，关系不薄，可姚范似乎对他并不欣赏，甚至当袁枚出都时，文人集送，征题盈轴，只有姚范默然不作表示，袁枚遗憾地说：“姚君著述千万言，临别赠我无一语。”究其原因，恐与袁枚放诞言行有关。袁枚行事，率性而为，时人多有非议。在学术上，不愿为汉学，也不愿为宋学，而立志为文学，尝言："郑孔门前不掉头，程朱席上懒勾留。一帆直渡东沂水，文学班中访子游。"就是这样一位具有叛逆精神、学术取径与自己不同的人物，姚鼐却一见如故，倾心相交，胸怀之广自非姚范所能企及，这也许正是桐城派发展到姚鼐格局始大的原因之一。

乾隆五十三年（1788）春，姚鼐应邀主讲歙县紫阳书院，秋初归里。闲居两年后，赴江宁（今南京）主讲钟山书院，时间长达十一年。江宁乃袁枚辞官后买宅寓居之地，城西有他花三百两银子购得的私人花园"随园"，园名取"余之仕与不仕，与居兹园之久与不久，亦随之而已"的意思。姚鼐居江宁，与袁枚交游最久，建立了很深的友谊。后来袁枚自以为不治，诚邀姚鼐预作挽诗。姚鼐应命作绝句四首，得到袁枚首肯。不久袁枚病体痊愈，健朗如初，姚鼐的诗也就没有派上用场。嘉庆二年（1797），袁枚溘然长逝，姚鼐悲痛不已。第二年十二月，他怀着深情，撰写《袁随园君墓志铭并序》，盛赞袁枚的才华与政绩。

肝胆昆仑

一个看似柔弱却内心强大的书生——谭嗣同，和一个身形剽悍而义薄云天的侠客——大刀王五，在血雨腥风的变革前夜，谱写了一段动人的传奇故事。

那是清朝晚期，以康有为、梁启超为首的变法运动失败，慈禧下令镇压，康、梁外逃，而其余的主要人物谭嗣同、杨锐、林旭、刘光第、康广仁和杨深秀等六人被捕，并于1898年9月28日，被斩首于北京菜市口刑场。这六个人，史称“戊戌六君子”。

六个人中，特别值得一提的是谭嗣同，因为他原来完全有机会逃走，他事先已获悉自己将被捕的消息，而他的好友大刀王五及当时日本驻华使馆中的几个日本友人，也都表示愿意帮助他出逃，但他都一一拒绝。他说：“各国变法，无不从流血而成，今中国未闻有因变法而流血者，此国之所以不昌也。有之，请自嗣同始。”

在被捕之前，他做了三件事：第一是将自己所有的文稿、书信等物整理好后，交给当时避住在日本驻华使馆的梁启超，请梁保管和处理。

第二件事是与他的武术老师又是至交的大刀王五诀别，把随身佩带的“凤矩”宝剑赠送给王五，并希望王五能继承他的改良事业。

第三件事是在自己的居住地给自己写了一封信，信的内容是以他父亲的身份而写，信中都是责骂自己的话，什么大逆不道，什么不忠不孝，什么变法改良是逆天行事……并最后表示要与他脱离父子关系。他这样做的目的，是想让他的父亲免受牵连。果然，后来就由于有了这封信，他的父亲仅被撤职了事，家属也未受连累。

大刀王五真名王正谊，原在镖局任镖师，因武艺高强，声名鹊起，特别在北方，几乎无人不晓。王五为人豪爽，因与镖主起矛盾，遂脱离镖局，浪迹天涯，行侠仗义，后被人请去在一家私人武馆任教师，又经人介绍得识谭嗣同，谭遂拜其为教武功的师傅。由于王五来自于民间，了解草根的疾苦，这对于出身于世代为官家庭的谭嗣同来说，恰恰起到了“互补”作用，使他了解到许多他原来毫不知晓的发生于民间的事情，也使他间接地了解了老百姓的艰难困苦。谭嗣同也是一个豪爽之人，因此两人一见如故，虽是师徒关系，竟成了忘年之交（王五比谭嗣同大十多岁），到后来又发展成生死之交。

9月25日，谭嗣同在自己的住所浏阳会馆被捕。被捕后，谭嗣同在狱中只关了三天。他回顾往事，将自己的遭遇与汉朝的张俭和杜根作比较，觉得有相似之处。他想到自己能逃而不逃，甘愿引颈受戮，是否符合圣贤所说的“杀身成仁”这一条……他又想到康有为和大刀王五，他们两人一个已逃离北京，一个还留在北京，希望他们继续努力，去完成自己未曾完成的维新变法事业。想到这一切时，他从地上拾起一块煤屑，在牢房的墙壁上写下一首绝命诗：

望门投止思张俭，忍死须臾待杜根。我自横刀向天笑，去留肝胆两昆仑。

9月28日下午四时，谭嗣同在北京菜市口刑场慷慨赴死，年仅三十三岁。临刑前，只听谭嗣同高声朗诵：“有心杀贼，无力回天，死得其所，快哉快哉！”大声呼罢，哈哈大笑。此情此景，使上万围观的人，无不潸然泪下。

谭嗣同牺牲时，北京没有他的亲人，他的亲人都在湖南，而朋友们则是死的死，跑的跑。这时，大刀王五挺身而出，亲自为谭嗣同收尸埋葬。第二年，王五又与谭嗣同的家人一起，把谭嗣同的骨骸运回湖南浏阳老家，造墓于城外的一处石山下面。

至于大刀王五其人，他此后的遭遇如何，最终结局怎样，则众说纷纭，难以统一。而谭嗣同赠给王五留作纪念的“凤矩”宝剑，则在王家一直保留到20世纪50年代大炼钢铁时，连同大刀、双刀一起处理了。

宝剑已销，而昆仑犹在，挺立似英雄不朽的身躯。

巾帼情深

在那个大变革、大动荡的时代，被封建制度压抑了数千年的中国妇女，也不再甘为背景，而是奋力走到了前台。

但等待着先行者的，往往是悲剧。

女性先行者的代表，无疑是“鉴湖女侠”秋瑾。“这并不是我个人的事，是为天下女子，我要让男子屈服。我要做男人也做不到的事情。”这一句话是秋瑾一生的信念，在日本留学时，她参加了多个革命组织，积极活动，热情高涨。回国后，她和徐锡麟共同策划发动浙皖起义，绍兴的大通学堂成了宣传革命策划行动的地点。几易时间，终于商定1907年7月在安庆、绍兴两地同时起义。然而徐锡麟刺杀安徽巡抚恩铭，自己也壮烈牺牲，安庆起义失败，牵连绍兴，清政府下令抓捕秋瑾。众人劝秋瑾速速逃离，这个坚强刚烈的女子却早已做好了为革命流血牺牲的准备，她迅速转移了隐藏在大通学堂的武器装备，又疏散了聚集在此的众多学生和革命者。一切安排妥当，自己却错过了离开的最佳时间，秋瑾干脆端端正正地坐在大通学堂里等着清军到来。

在县署花厅接受审讯时，秋瑾一个字也不肯说，让她写供词，她就把对国家命运的忧虑、对起义失败的惋惜、对革命未来的期望一时间交织笔端，她拿起朱笔写下“秋风秋雨愁煞人”的七字绝笔。1907年7月15日凌晨，秋瑾就义于绍兴古轩亭口，面不改色，神态自若。

和谭嗣同牺牲时的情形相仿佛，无人敢上前收尸，唯有秋瑾的挚友、另一位晚清巾帼奇女子吕碧城站了出来，冒着极大风险迈出了这一步，官府得知前来收尸的是誉满华夏的吕碧城，也不敢轻举妄动多加干涉。后来，吕碧城还用英文写了《革命女侠秋瑾传》，在美国纽约、芝加哥等地的报纸上发表，没有让秋瑾寂静无声地死去。

吕碧城也是天生有着“反骨”的人物，这样的反骨似乎还长着两块，一块反的是封建男权，另一块反的是封建专制。书香门第让吕碧城从小就接受了诗词书画的熏陶，加上颇有些天分，小小年纪就很有点名气了。但因为寄人篱下，她常常受到舅舅的约束训斥，为了争取更大的生命空间，她竟然能做到只身逃离，没带衣服，身无分文闯世界。当然，这位才华横溢的女子肯定不至于流落街头，机会总是在不经意间降临。吕碧城本想写信向一位《大公报》的友人求援，不料这封信正巧被《大公报》的总经理英敛之看到。这一看不要紧，英敛之立刻被吕碧城的斐然文采吸引了，求贤若渴的他亲自登门拜访，并聘请吕碧城担任《大公报》的见习编辑。于是吕碧城成了中国新闻史上第一位有史可查的女报人，而且是在声名显赫的《大公报》供职。借着这个平台，吕碧城发表了很多倡导女性解放的文章，一时间出现了“绛帷独拥人争羡，到处咸推吕碧城”的奇观。

说起吕碧城和秋瑾的相识，还颇有一点戏剧色彩。一天，吕碧城正居家中，门房高举着写有“秋闺瑾”的名片禀报：“来了一位梳头的爷们儿。”只见一位英气逼人的青年梳着发髻，穿着一身男装，迈着潇洒的步伐踏入门来。原来，她就是让吕碧城仰慕已久的秋瑾。两人对视片刻，便发出会心的微笑，大有相见恨晚之感。

据说秋瑾此次来访，是因为她曾经用过“碧城”二字作为笔名，致使许多读者误将二人的文章混淆，于是秋瑾就特意去天津拜访了吕碧城，两人一见如故，相聊甚欢。时任《大公报》编辑的吕碧城文笔超群，秋瑾从此不再使用“碧城”之名，两位女士却由此结下情谊，以不同的方式为争女权、兴女学付出努力。

秋瑾牺牲后不久，晚清最高统治者光绪帝和慈禧太后于同一年先后离世。就在清廷上下一片恐慌，好像群龙无首的时候，一阕名为《百字令》的词横空出世。大意是慈禧这个祸国殃民的老太婆，垂帘听政大权在握这几十年，把国家搞得一团糟，害得我们丢领土失钱财，她要是到了阴曹地府，肯定羞于和汉高祖的吕后、唐朝的武则天见面。这阕词配上慈禧的画像登在报纸上，可以说言辞非常犀利，把慈禧痛快淋漓地大骂了一顿，成为轰动一时的新闻。而这阕词的作者，正是有“一代词媛”之称的吕碧城。她用诗词为武器，给倒行逆施的统治者以最后一击，也为自己的亡友出了一口气。

壮志凌云

黄兴和宋教仁是辛亥革命时期的著名革命家，从1903年黄、宋缔交始至1913年宋教仁被暗杀，十年时间见证了他们矢志不渝的深厚友谊。在这翻天覆地的十年变革之中，他们为了共同的革命目标，义无反顾地投身战斗。他们之间的亲密关系，是革命领导集体中和谐协作的典范。

黄兴和宋教仁有着共同的革命理想。宋教仁在武昌文普通中学堂读书时，“便抱改革思想，开始物色同志。闻黄兴由日归国，在鄂演说，痛斥清政府的腐败，并提倡革命，他非常悦服，便与黄兴相结合”。此后，二人的友谊始终不渝。他们以革命的理想作为友谊的基石，以肝胆相照的胸襟互相提携，以推心置腹的坦诚彼此督促，以无微不至的关怀互相温暖。黄、宋结交后，共同为革命事业的发展做出了不可磨灭的贡献。从1903年至1912年，黄、宋共同合作的十件大事，写就了中华大地上一段轰轰烈烈的历史。

一、1903 年 11 月，黄兴与宋教仁等发起创立了国内第一个革命团体——华兴会。为配合华兴会的革命活动，1904 年 7 月，宋教仁等在武昌发起组织科学补习所。

二、1904 年 10 月，黄兴与宋教仁、刘揆一、马福益等策划长沙武装起义，事泄失败，相继亡命日本。

三、1905 年，黄、宋在日本发展革命组织，开展宣传活动。1 月，拟组革命同志会，从事民族革命。6 月，宋教仁创办的《二十世纪之支那》杂志出版，宣传民族主义和反满革命。7 月下旬，黄、宋与孙中山相识，讨论合组革命团体。

四、同年 7 月 30 日，黄、宋等八人受筹备会议委托负责起草同盟会章程。

五、同年 8 月 13 日，黄、宋发起组织并主持东京留学生欢迎孙中山大会。8 月 20 日，中国同盟会正式成立，推举孙中山为总理；黄兴为执行部庶务，居协理地位；宋教仁为司法部检事长，同盟会领导核心从此建立。同盟会成立当日，由黄兴提议，将《二十世纪之支那》杂志移交给同盟会，作为同盟会的机关报，同时改名为《民报》，宋负责《民报》的编辑。

六、1910 年，在黄兴的支持下，宋教仁发起成立中部同盟会。

七、1911 年 1 月，宋教仁回国，主持《民立报》的编辑工作，与黄兴在南方领导的武装革命遥相呼应。1911 年 4 月，黄花岗起义时，宋教仁曾赴港参与策划。

八、1911 年 10 月，武昌起义爆发，黄、宋同赴武昌，黄领导了艰苦卓绝的武汉保卫战，宋则主持制订了《鄂州临时约法》，分别为推进革命做出历史性贡献。

九、1912 年 1 月，中华民国成立，黄、宋为临时政府的成立和工作的开展做出了艰巨的努力，黄任陆军总长，宋任法制局长，共同为南京临时政府的建立竭心尽力。

十、1912 年 8 月，同盟会改组为国民党，孙中山、黄兴、宋教仁等为理事，宋教仁成为国民党实际负责人，竭力推行政党政治，得到了黄兴在各方面给予的支持。

从以上事件来看，黄、宋二人肝胆相照，用鲜血和生命谱写了革命的永恒乐章，共同为中华民族的觉醒和复兴做出了不朽的贡献。从宋教仁的《我之历史》中，我们不难发现，只要两人在一起，他们即商量革命大事。1905 年初的几个月里，黄、宋差不多天天见面，同盟会成立前后的日子里，他们更是频繁会晤磋商。1906 年夏季，宋教仁因用脑过度，病倒在床，刚从香港赶到东京的黄兴便马上去看他，在宋教仁忧郁苦闷的日子里，黄兴兄长般的关怀又使他振作起来。黄兴曾将儿子一欧托付给宋教仁，让宋教育并辅导学业。宋教仁逝世后，黄兴也承担起指导其子女的重任。黄临终之前，还谆谆嘱咐宋的儿子振吕要“好好做人，为你父亲争气”。1909 年 1 月，黄、宋同居宋的“桃源寓”，共渡难关。宋教仁的一些活动，都事先征求黄兴的意见。如 1907 年赴辽东联络“马贼”，1910 年 10 月谋组中部同盟会，1912 年改组国民党之事等等，都得到黄兴的同意。宋教仁一直推崇黄兴，把黄兴看成师长兼挚友，把黄兴与孙中山一同看作是同盟会的泰斗。1911 年 7 月成立的中部同盟会，其会长“虚位待贤”，实即等待黄兴就任；1911 年 10 月，宋教仁曾与居正等谋举黄兴为湖南湖北大都督，以牵制黎元洪；在南京临时政府成立之前，宋又多次主张选举黄为大元帅；国民党改组后，在进行议会选举组阁时，人们多劝宋教仁为内阁总理，宋教仁却推举黄兴出任总理。黄兴也很器重宋教仁的才华，在复中部同盟会总部的信中，他称赞宋的计划是“老谋深算，虽诸葛复生不能易也”。

艰难的革命岁月里，黄、宋来往密切，信函频繁，互相支持，互相鼓励。1913 年 2 月 15 日，宋教仁从湘、鄂、宁一路进行竞选后抵达上海，黄兴立即把他迎到自己住处，商讨政治方略。3 月 20 日，黄兴送宋教仁北上，在上海车站，几颗罪恶的子弹射向了宋教仁。两天后，这位年富力强的资产阶级政治家经抢救无效去世了。临终前，“宋已不能语，惟以目四瞩，周视故人，依依难舍。黄兴睹此心痛，用双手扶着宋的臂膀，附耳呼曰：‘遯初，你放心去吧！’宋遂气绝。众皆痛哭失声。”黄兴从挚友的鲜血中更加认清了反动军阀的真面目，不久即与孙中山一起，发动了反对袁世凯专制独裁、保卫民主共和成果的“二次革命”。以后黄兴按照孙中山的要求远走美国，仍无时不在关注与支持国内的反袁“护国运动”。袁世凯倒台、护国运动取得胜利也与黄兴的策划与支援分不开，然而，黄兴却因长年坚持在武装斗争的第一线，积劳成疾，医治无效，盛年谢世。

黄兴与宋教仁在民族民主革命斗争中携手并进，成为革命事业中的最佳搭档，共同完成了推翻满清王朝、建立民主共和的宏伟大业，为中华民族的第一次民主革命贡献了自己的青春乃至生命。他们俩是中华民族的骄傲，也是政治家和革命家的楷模。

文化领秀

陈独秀，中国新文化运动的先驱，五四运动的总司令，中国共产主义运动的先行者，中国共产党的创始人及首任总书记，中共一大至五大期间党的最高领袖。

从陈独秀的名字就不难想见其个人风范，那就是敢于“特立独行”，敢于“木秀于林”。他 1879 年生于安徽怀宁。自幼丧父，随人称“白胡爹爹”的祖父修习四书五经，得到的评价是：“这孩子长大后，不成龙，便成蛇。”1901 年留学日本。1905 年创建安徽第一个资产阶级革命组织岳王会，任总会长，曾参加反对清王朝和反对袁世凯的斗争。1915 年 9 月创办《青年杂志》（后名《新青年》），以进化论观点和个性解放思想为主要武器，大力提倡新道德、反对旧道德，提倡新文学、反对旧文学，举起民主与科学的旗帜。1916 年任北京大学文科学长。1918 年和李大钊创办《每周评论》，提倡新文化，宣传马克思主义，俗称“南陈北李”。是五四新文化运动的主要领导人之一。1920 年，在共产国际的帮助下，首先在上海建立中国共产党发起组织，进行建党活动。1921 年 7 月，在上海举行的中国共产党第一次全国代表大会上，被选为中央局书记，其后被选为第二、第三届中央执行委员会委员长，第四、第五届中央委员会总书记。

1927 年大革命失败对中国共产党造成了强烈冲击，大批优秀干部（包括陈独秀的两个儿子）在反革命屠杀中牺牲。在 1927 年八七会议上，陈独秀被认定犯了“右倾机会主义”错误，被撤销总书记职务。1932 年，陈独秀因发表取消国民党一党专政演说而被国民党政府抓进监狱。直到 1937 年，在中国共产党和全国人民“释放全部政治犯”的要求下，陈独秀才获释来到武汉。1937 年，在上海淞沪会战中，陈独秀支持抗战，谴责蒋介石卖国独裁，被国民党政府逮捕。1937 年 8 月出狱后，主要精力用于著书立说。晚年陈独秀曾说："我决计不顾忌偏左偏右，绝对力求偏颇，绝对厌弃中庸之道，绝对不说人云亦云、豆腐白菜、不痛不痒的话。我愿意说极正确的话，也愿意说极错误的话，绝对不愿说不错又不对的话。"1942 年，贫病交困的陈独秀在孤独中去世，走完倔强坎坷的一生。

应该说，陈独秀就像一团熊熊燃烧的烈火，照亮了别人，但更多的是燃烧着自己，炙烤着自己的铮铮铁骨。相形之下，他的安徽同乡、绩溪人胡适就显得温润如水，从思想到个性都一派清明。如果说一个是思想和行动上的铁汉，那么另一个就是思想和行动上的君子。

五四新文化运动号召打倒"孔家店"，对儒家强调的"三纲五常"思想进行了猛烈的批判。这其中胡适发出的声音并不激越高亢，但非常理性客观。他指出："'三纲五伦'的话，古人认为是真理，因为这种话在古时宗法社会很有点用处。但现在时势变了，国体变了……古时的天经地义现在变成废话了。"中国只有通过科学和民主的启蒙思想运动，对传统意识形态、皇权专制制度和落后的生产方式进行彻底的批判和否定，才能够获得新生。

胡适坚持"一心一意的现代化"和"充分世界化"的立场。对于传统的旧文化、旧思想、旧制度，他主张以"批判的态度"进行清理，使之融合进 20 世纪现代世界的新文明的大潮流中去，用他的话来说就是："研究问题，输入学理，整理国故，再造文明。"胡适是中国人中少有的具有独立思想的人，他深刻地体会到，中国最需要的是自由的品格和独立的思想。在《介绍我自己的思想》中，他要求青年铸造"自由独立的人格"，"自由平等的国家不是一群奴才建造得起来的"！他告诫人们："不思想的心理习惯是我们最大的敌人。"

"容忍比自由还更重要"，是胡适的另一句名言。因为没有容忍，

就没有自由，社会要自由，就需要容忍。胡适一生，誉满天下，也谤满天下。他说：“有高度修养的人，才能有自省的功夫；能够自省，才能平心静气地听别人的话，了解别人的话。了解别人的话，乃是民主政治最基本的条件。”他还说：“人家骂我的话，我统统都记不起了，并且要把它忘记得更快更好!”这是一种怎样的胸襟呢？“容忍”并非懦弱，而是人性的善良；并非退让，而是人生的境界。

胡适平生最爱写的对联是：“大胆的假设，小心的求证；认真的做事，严肃的做人。”和其他许多话一样，这两句话也不是说说而已，或者是光用来教训别人的，而是自己率先垂范，落实到自己的行动中去。

有意味的是，胡适和陈独秀这两个性格反差极大的人，却成为终生的好友。胡适有句名言：“此身非吾有，一半属父母，一半属朋友。”可见他对友情的珍重。早年的胡适，两度承蒙陈独秀提携，一次是被招揽进《新青年》作者队伍，一次是被延揽进北大担任文科教授。后来，胡适四次不遗余力地营救陈独秀，传为历史佳话。这时候的两位安徽老乡，在政治见解上已经有了分歧和冲突，但都尊重对方的人格和思想，都维护对方说话的自由，显示了知识分子高尚的风范。

两个人个性和见解有别，但政治境遇又有相似之处。因为文化开拓上的卓越贡献，也因为个人品质上的熠熠光彩，他们才有永恒的穿透力和感染力。

得一足矣

“人生得一知己足矣，斯世当以同怀视之。”这是鲁迅以清人何瓦琴的联句，书赠瞿秋白的条幅。相识相交的时间虽然短暂，可是，相互间早已是心仪神往。在瞿秋白最困难的时候，鲁迅冒险给予他真诚、无私的帮助，使瞿秋白度过了他一生中“最惬意”的时光。

1931年1月，中共六届四中全会在上海召开，瞿秋白被解除中央领导职务。会后，他因肺病发作而被中央批准留在上海养病。此时，党内斗争正日趋激烈，让瞿秋白十分厌倦。他在《多余的话》中，毫不掩饰地庆幸自己“从此脱离了政治舞台”，终于又回到了“‘自己的家’——我所愿意干的俄国文学的研究”。

在上海，瞿秋白很快便与老友茅盾会面。久别重逢，两人分外高兴，有说不完的话。瞿秋白十分恳切地对茅盾说：“我读过鲁迅的很多文章，很佩服他的人品和文才。只是一直无以谋面，始终引为憾事。”茅盾和鲁迅很熟，常有往来，他知道瞿秋白的心思，便对瞿秋白说：“秋白，你不用着急，只要有机会，我会引你去见鲁迅的。”

而在“这边厢”，鲁迅对瞿秋白也早有耳闻，一次在与自己的学生冯雪峰交谈时，鲁迅恳切地说：“何苦（瞿秋白的笔名之一）杂文，明白畅晓，一览无余，真有才华，是真可佩服的。他的论文真是皇皇大论！在国内文艺界，能够写这样论文的，现在还没有第二人。”

这年秋天，曹靖华从苏联给鲁迅寄来《铁流》译稿。鲁迅检读译稿，发现序没有译，觉得是一大缺憾。鲁迅立即想起瞿秋白，便委托冯雪峰请瞿秋白翻译。瞿秋白接到序文后，很快便流畅地翻译出来，署名史铁儿。鲁迅读后十分满意，在给曹靖华的信中高度赞扬说：“那译文直到现在为止，是中国翻译史上空前的笔了。”

鲁迅曾将日文版《毁灭》转译成中文，并特意让瞿秋白对照俄文本校读。瞿秋白校读后，给鲁迅去了封长信，直接以“敬爱的同志”相称，说：“你译的《毁灭》出版，当然是中国文艺生活里面的极可纪念的事迹……”他还在信中表述了相见恨晚的朴实感情：

“所有这些话，我都这样不客气地说着，这自然是‘没有礼貌’。但是，我们是这样亲密的人，没有见面的时候就这样亲密的人。这种感觉，使我对于你说话的时候，和对自己说话一样，和自己商量一样。”

就这样，两颗息息相通的心越贴越近，他们都急切地盼望着能早日会面。终于在1932年初夏的一天，瞿秋白由冯雪峰陪同，来到鲁迅家。他们的第一次会面，竟如久别重逢的朋友那样亲切自然、无拘无束，而毫无陌生人之间的那种矜持与尴尬。他们畅所欲言，从政治谈到文艺，从理论谈到实际，从希腊谈到莫斯科，甚至日常生活中的琐事，也谈得津津有味、妙趣横生。

不知不觉间，已经到了中午，鲁迅特意准备酒菜，两人边饮边谈，似乎有着永远说不完的话，直到夜幕降临，才依依惜别。

第一次见面后，瞿秋白热切期待着再与鲁迅的会面，以继续他们未尽的话题。可是，在白色恐怖笼罩下的上海，他们的行动十分不便。9月1日上午，天空下着绵绵细雨，鲁迅特意选择这样的阴雨天，以摆脱特务的盯梢，他和许广平带着小海婴，来到瞿秋白住处。两人见面后很少客套，很快便切入主题，讨论文字改革和文字发音。瞿秋白对粤语陌生，特意找出几个字，请许广平用粤语发音。

秋白的妻子杨之华看他们谈兴正浓，便悄然退出，到饭馆叫了一桌饭菜。可是，等他们谈话告一段落，坐下用餐时，菜已经凉了，而且味道也不好，杨之华感到很不安，鲁迅却全不在意。席间，他和主人谈笑风生，十分亲热。

人生得一知己足矣
斯世当以同怀视之
疑仌道兄属
洛文录何瓦琴句

这以后，鲁迅在日记和函件中，常提到瞿秋白的笔名，如“何凝”、“维宁”、“宁华”和“它兄”等。

杨之华受瞿秋白的鼓励和影响，写了短篇小说《豆腐阿姐》，她很想拿给鲁迅看看，可心里又没有底。瞿秋白却不时地催促她：“拿去给大先生看看吧。”瞿秋白时常以家人的口吻，亲切地称呼鲁迅为“大先生”。杨之华不想以自己的习作，去打搅鲁迅的工作。瞿秋白则再三劝说道：“不要紧，大先生是很乐于帮助人的，特别是对初学写作的青年。”杨之华于是鼓起勇气，专程将文章送到鲁迅处。

鲁迅接过文稿后，便认真阅读，将稿中错字一一校正，再用楷体和草体书写，然后用纸包好送回。

瞿秋白在上海的这段时间，蒋介石正对中央苏区实行军事“围剿”，国统区内也弥漫着腥风血雨，共产党人和革命者随时都有被杀害的可能。在这种危险的环境中，鲁迅置身家性命于不顾，将自己的家作为瞿秋白夫妇最可信赖的庇护所。1932 年 11 月下旬至 1933 年 7 月，鲁迅曾三次接纳瞿秋白夫妇，让他们在自己家安然地避过了危险。

第一次避难是在 1932 年 11 月。其时，两人有谈不完的话。第二次避难是在 1933 年 2 月间，此次住了不久，2 月底便走了。其时瞿秋白担任的工作相当重要，为敌所忌，搜捕甚急。为此，鲁迅送给瞿秋白的许多书均无法带走。第三次瞿秋白来鲁迅家避难，是在 1933 年 7 月下半月，其时鲁迅已搬出拉摩斯公寓。那时因为机关被敌人察觉，瞿秋白就于深夜两点左右来到鲁迅家中。这次避难之际，瞿秋白还要完成一项极为重要的任务，即编《鲁迅杂感选集》并写序言。他一连三天，白天装生病，在床上看完了鲁迅杂感，第四天晚上执笔写序，一连几个晚上便完成了。鲁迅看后很满意。瞿秋白所编的《鲁迅杂感选集》选自 1918—1932 年鲁迅所写的文章，共七十四篇。该书序言 15000 字，瞿秋白的这篇长篇论文，对鲁迅评价很高。

其间的1933年3月，发生了一个温馨的小插曲。那是鲁迅来瞿秋白的新居看望，带来堇花一盒，以作乔迁之贺，并将清人何瓦琴的联句“人生得一知己足矣，斯世当以同怀视之”，书写成条幅相赠。

红军长征后，瞿秋白在向香港转移途中，于福建长汀县被俘。瞿秋白分外珍惜和鲁迅的友情，以至在身陷囹圄、生死攸关之际，还时时思念这段他一生中“最惬意”的时光。1935年6月18日，他唱着国际歌从容走向刑场，牺牲时仅三十六岁。鲁迅听到瞿秋白牺牲的消息后，撑着病体，在当时那样恶劣的环境下，编校瞿秋白的译文总集《海上述林》（上下二册），以“诸夏怀霜社”名义出版。

何谓“得一知己足矣”，鲁迅和瞿秋白用自己的笔墨和生命，作了最好的诠释。

淡定之爱

周作人是鲁迅的弟弟，虽然后来两人的关系完全破裂，但兄弟俩在为人处世方面，仍然有一种源于血缘和学养的相似之处。和鲁迅一样，周作人一生也有一位身为共产党人的挚友。

在新文化运动中，周作人在文学革命方面有不可磨灭的贡献。在新文化运动及以后一段时间里，周作人和李大钊曾经站在同一战壕，共同致力于中国的思想改造运动。他后来竟堕落为日伪汉奸而为世人所不齿，真可谓一场惨痛的悲剧。但在李大钊牺牲以后，周作人为之做了几件令时人费解的事情，至今仍让人为之动容。

1927 年 4 月 6 日，李大钊等在苏联大使馆被捕，周作人日记中写道："4 月 6 日，植树节，骆群同人至海甸旅行，在士远（即沈士远，北大教授）处午餐，下午回城。次日知守常被捕，4 月 28 日与张挹兰等被执行死刑。"自李大钊与周作人相识以来，周对李大钊一直怀有极大的敬佩。而向来淡漠的周作人在凉静中也感受到极大的震动。植树节（即清明节）与周作人同到沈士远家的还有李大钊长子李葆华。4 月 6 日，李葆华住在沈家，没有回城。4 月 7 日，沈尹默电告沈士远要藏好守常的儿子。两星期后，周作人将李葆华带进城里，住在自己家中。李大钊牺牲后，李葆华仍在周作人家中。周与沈尹默商量怎样将这不幸告诉他。周作人在回忆录中写道："尹默来了之后，大家商量一番，让他说话，先来安慰几句，如说令尊为主义而牺牲，本是预先有觉悟的。及至说了，乃等于没有说，因为他（指李葆华）的镇定有觉悟，远在说话人之上，听了之后又仔细看报，默然退去。守常的儿子以后住在我家有一个多月，后由尹默为经营，化名为杨震，送往日本留学……"

当时，日本在中国的喉舌《顺天时报》登载了有关"李大钊身后萧条”等新闻，并有一篇冷嘲热讽的短评：“李大钊是一般人称之为学者的，他的道德如何姑且不论，能被人称为学者，那么他的文章他的思想当然与庸俗不同，如果肯自甘淡泊，不作非分之想，以此文章和思想来教导一般后进，至少可以终身得一部分人的信仰崇拜，如今却做了主义的牺牲，绝命于绞首台上，还担了许多的罪名，有何值得。”还“奉劝同胞，在此国家多事的时候，我们还是苟全性命的好，不要再轻举妄动吧”！周作人看到此文，立即挺身而出，发表《偶感》《日本人的好意》等一系列文章予以迎头痛击。他严正指出李大钊的“以身殉主义”，并无悔恨可言，其价值也正在于此，即实行“志士不忘在沟壑，勇士不忘丧其元”的古训。尤其是在《日本人的好意》一文中，周作人有力地驳斥道：“你看，这思想是何等荒谬，文章是何等不通。……照我们的观察说来，日本民族是素来不大喜欢苟全性命的，即如近代的明治维新就是一个明证。……日本人轻视生死，而独来教诲中国人苟全性命，这不能不说别有用心，显系一种奴化的宣传。我并不希望日本人来中国宣传轻生重死，更不赞成鼓吹苟全性命，总之这些他都不应该管，日本人不妨用他本国的文字去发表谬论或非谬论，但决用不着他们用汉文写出来教诲我们。”对于日本人文章中“如果肯自甘淡泊，不作非分之想”之语，他更是直接斥之为胡说八道。

周作人对李大钊遗属的照顾可谓尽心尽力。1933 年李夫人赵纫兰在烈士公葬后不久病故，在周作人的日记中有这样的记载：6 月 7 日，“下午四时半往孟邻处，于永兹、张申府、王含之、幼渔、川岛均来，会谈守常子女教养事。”在周作人的帮助下，李星华入孔德学校半工半读。1939 年 8 月，星华带弟弟光华从老家来到北平（时北平已沦陷），周作人安排她在伪北大的会计室当出纳员。1940 年星华又带光华和一个三岁的孩子去延安，临行前，经周作人帮助，预支了两个月的薪水作路费，并办了出北平必需的“良民证”。

1938年12月23日，周作人的日记中记道：“下午得炎华信，系守常次女也。感念存殁，终日不愉。”周作人对炎华的帮助也不少，炎华和她的爱人侯辅庭来到北平，周曾寄钱给他们救急，后又将卖给北京女子师范大学的李大钊遗书所得的120元分给她一半，余下的一半送给星华和光华。侯辅庭是共产党员，周作人肯定知道，但他还是在伪北大给侯找了一份工作。不久，侯辅庭回冀东打游击，临行前写信给周，拜托他关照自己的家人。后来，侯再来北平，曾被内六区所属派出所传讯，也是经周作人的帮助才取得保释的。

周作人一直关心着李大钊遗著的出版。李大钊长女李星华将其父遗稿托付给周作人，周作人不仅冒着风险妥善保管，而且积极寻求出版。后来他将遗稿第一、二部分送到上海，由鲁迅写题记，于1939年4月由北新书局出版，但出版后即遭当局查禁。而第三、四部分一直保存在周作人手中，直到新中国成立以后，周作人之子周丰一亲手将其交给李大钊侄子李乐光，在此基础上，经进一步编选，于1959年出版了《李大钊选集》。

周作人的上述举动，与他曾和李大钊的交往和友谊分不开。后来他在《知堂回想录》中说：“我认识守常，是在北京大学，算来在1919年左右，即是五四的前后”，“那时我们在红楼上课，下课后有暇即去访他，为什么呢？《新青年》同人相当不少，除二三人时常见面之外，别的都不容易找。校长蔡孑民很忙，文科学长陈独秀也有他的公事，不好去麻烦他们，而且校长学长室都在第二院，要隔一条街，也不便特别跑去。在第一院即红楼的，只有图书馆主任，而且他又勤快，在办公时间必定在那里，所以找他最是适宜，还有一层，他顶没有架子，觉得很可亲近，所谈的也只是些平常的闲话。”这时周作人与李大钊的交往，有《新青年》《每周评论》的编务等，李还介绍周给“少年中国学会”讲演。当然，思想启蒙进入救亡政治之后，李、周就不是“同路人”了，周作人回忆说：“到了他加入共产党，中国局势也渐形紧张，我便逐渐少与他闲谈的机会，图书馆主任室里不大能够找到他了。”此后周作人接触多的，倒是李大钊的孩子了。原来当时北大同人创办有一个“孔德学校”，其子弟多在此读书，李大钊的一对子女也在该校上学，周作人担任高中的国文课老师，恰好李大钊的长子李葆华就在班上。周作人“最初有时候还问他父亲安好，后来末了这几个月，连他儿子也多告假不来，其时已经很近危险了。但是一般还不知道，有一回我到北大去上课，有一个学生走来找我，说他已进了共产党，请我给他向李先生找点事办，想起来这个学生也实在太疏忽，到教员休息室来说这样的话。但是也想见到李葆华，叫他把这件事告诉他父亲知道，可是大约有一个月，却终于没有这机会。”李大钊的舍生取义、李葆华的镇定自若，对周作人都产生了很大的思想冲击，他由衷地钦佩共产党人。这，无疑应是他有如此举动的最根本的原因。

周作人一向是提倡冲淡娴雅的美学的，而他的上述义举，则是淡定中所散发出来的深沉的爱。

悲悯情怀

在中国现代文人当中，李叔同、夏丏尊、丰子恺构成了一个人文铁三角，他们三个人亦师亦友，气味相投，情趣相合，堪称民国名士界一道独特的风景线。

铁三角的核心无疑是李叔同。祖籍浙江平湖的李叔同，是中国话剧的开拓者之一，在音乐、书法、绘画和戏剧方面，颇有造诣，是学术界公认的通才和奇才。后剃度为僧，号弘一。

把李叔同和夏丏尊、丰子恺以及其他朋友联系在一起的，最为关键的两个字就是：慈悲。这已然成为这个圈子的自觉的人文追求。

在那篇《白马湖放生记》里，李叔同详细记录了自己与徐仲荪、夏丏尊、刘质平等友人一起在白马湖将鱼儿放生的经历。放生的时候，“岸上簇立而观者甚众皆大欢喜，叹未曾有”。由于此行是如此欢愉，李叔同把这篇《白马湖放生记》一式两份，赠送给徐仲荪和刘质平，“以示来览焉”。

也正是在他的启发下，他的学生丰子恺完成了闪烁着慈悲光芒的《护生画集》。

1914年，十六岁的丰子恺走进了浙江省立第一师范学校的校园。在这里，从小喜欢绘画的丰子恺，遇到了李叔同先生——这个影响了他人生轨迹的老师。那时候的丰子恺，当然知道李叔同的名声，知道他将西洋美术、音乐和话剧带进了当时还非常封闭的中国，也从小唱过李叔同先生写的《祖国歌》《送别歌》。但是，那似乎是另一个很遥远的李叔同。十六岁的丰子恺看到的李叔同，已经人到中年，是这所师范学校的音乐教师和美术教师。他的才华，就像是一种悠悠的香氛，弥漫在整个校园之中，让每个学生都陶醉其中。

而给丰子恺最深印象的，是李叔同先生的一丝不苟。上课前，一些学生并不知道李叔同先生的习惯，在铃声打过之后，才嬉笑打闹着走进教室，有的还在吃东西。但是，当他们走到教室门口的一瞬间，突然发现穿着黑布长衫的李叔同先生安静而严肃地站在讲台上，等着大家坐定上课。他身后的黑板，是那种两块可以上下推拉使用的。两块黑板上，都已经满满地写上了本课时要教授的内容。而他面前的讲桌上，放着一块闪亮的手表，作为提醒上下课时间之用。那些晚到的学生，哪里见过这样严肃的老师？他们的印象中，老师往往是要在学生上课之后才会踱进教室的。于是，学生们赶紧收敛声音，悄悄地走到自己的座位上，感到脸上热烘烘的，很难为情。下课之后，李叔同先生依旧那样沉稳，目送所有的学生走出教室。

多年后，那只曾经放在讲桌上的闪亮的手表，经过几番波折，终于被丰子恺探听到下落赎回。当他将这只表捧在手掌上的时候，当年在浙一师上李叔同先生课的情景，又清晰地浮现在他的眼前。

在浙江一师的学业进行到第四年的时候，丰子恺其实就已经为自己确定了人生的大目标，就是成为一个终生从事绘画事业的人。而这个选择的做出，与李叔同先生有着非常重要的关系。李叔同先生曾经与丰子恺谈过，认为丰子恺是他所遇见的最有美术天分的人。这简单的鼓励，将丰子恺从小深藏在心中的对美的向往迅速激发出来，使他执着地走上了艺术的道路。带着对艺术的向往，1921 年早春，丰子恺来到了他的恩师李叔同先生曾经留学的日本。留学期间，丰子恺下力气最大的还是绘画，并且技艺有了质的飞跃。

而恩师给予丰子恺更大的启迪，是后来的出家。这位在音乐、美术、文学、编辑、教育等各个方面建树非凡的大才，于 1918 年，毅然出家做了和尚，成为后来享誉佛教界内外的弘一法师。对此，丰子恺感受到，人生追求的境界各不相同。他将人的追求划分成三个层次：物质追求、精神追求和灵魂追求。很多人，终其一生，只是停留在对物质刺激的追求，最终无所适从。有的人，有自己的精神追求，比如学习音乐、美术等。还有些人，脚力非常大，不满足于站在人生的某个台阶，而是要登上最高的顶峰，也就是获得灵魂的境界。弘一法师的选择，就是这样一种灵魂的境界的体现。

1927 年秋天，弘一法师云游到上海，住在丰子恺家中两月。在法师的感染下，丰子恺拜师弘一法师，成为一名居士。也就在这时，师生二人萌发了一个想法：丰子恺作画，弘一法师配诗，创作一本《护生画集》，宣扬佛教的爱护众生、守护善心的思想。丰子恺一共画了五十幅，因为后年，即 1929 年，弘一大师将满五十岁，这本画集也是丰子恺送给恩师的生日礼物。

《护生画集》初集出版十年后，在抗日战争的硝烟和动荡中，丰子恺又画了六十幅，集成《护生画集》续集，作为敬祝弘一法师六十岁的寿礼，依然是请弘一法师配诗。看到续集绘出，弘一法师非常欣慰，在写给丰子恺的信中说："朽人七十岁时，请仁者作护生画第三集，共七十幅；八十岁时，作第四集，共八十幅；九十岁时，作第五集，共九十幅；百岁时，作第六集，共百幅。护生画功德于此圆满。"丰子恺何尝不想实现这样的宏愿？但是此时正值战乱，他携家眷颠沛流离，生死难卜，能不能实现这美好的愿望，实在是没有把握。于是，丰子恺回信说："世寿所许，定当遵嘱。"

这重重的允诺，丰子恺在此后的 20 多年时间里，一直在坚守。直至晚年，成为他面对沉重生活的重要支柱。绘作《护生画集》第三册时，弘一法师已经逝世七年，连法师生前嘱托帮助丰子恺完成《护生画集》的两位居士，也已经相继离世，丰子恺要独自守着恩师的重托，完

成后边的几册《护生画集》。

第四册，1960 年完成，在出版困难的情况下，由弘一法师生前好友广洽法师海外募款，在新加坡出版。

第五册，1965 年完成，在弘一法师八十冥寿之前四年出版。第二年，便爆发了席卷全国的“文化大革命”，丰子恺成为批斗对象，批判他的大字报贴上了大街。但是，这位年近古稀的老人，隐忍地面对这一切，顽强地活着。后来他病了，不能再接受批斗和劳动，这在他看来倒是成了晚年的福气——他终于有时间做自己想做的事情了。首先要做的，当然是完成那个诺言——绘作最后一本《护生画集》！

与丰子恺相比，夏丏尊与李叔同则是一种“胜似手足”的情谊。他们俩同为近代中国佛教文化发展史上的先行者。一个做和尚，一个做居士，无论在俗还是出家，都有诸多交集。弘一出家时为夏丏尊写过一幅字，文末写道：“愿与丏尊，他年同生安养，共圆种智。”

1912 年，李叔同来到杭州，担任杭州师范学校的图画和音乐老师，与夏丏尊共事七年，晨夕一堂。两人常常谈古论今，一室晤对，如钟子期之于俞伯牙一般默契。

李叔同的出家，与夏丏尊有着不解的渊源。出家一事缘起于夏丏尊两句不经意的话。1916 年，夏向李介绍自己在日本杂志上看到的一篇关于断食的文章，认为断食能使人除旧换新，生出伟大的精神力量。李先生好奇地借了杂志去看。到学校放假时，李先生竟独自去虎跑寺断食三周，并引用老子“能婴儿乎”之句，改名李婴。再次尝试断食后，李开始茹素念佛、阅读佛经、供养佛像。他向夏先生表示，要暂以居士资格修行，居虎跑寺。其出家之意尚摇摆不定。孰料夏的一句激愤之辞“这样做居士究竟不彻底，索性做了和尚，倒爽快！”却促使李下定决心，毅然辞去俗世教务，从 1918 年起开始了僧侣生涯，成了那位名“演音”、号“弘一”的和尚。

同属佛缘殊盛的一类人，李叔同出家后，夏丏尊也开始念经诵佛，成了居士。李夏间仍然鸿雁往来，保持联系。夏居士对弘一出家后的传道生活和佛学研究有过十分重要的助益。1929 年冬，夏丏尊听闻政府要收回寺院，立即与经亨颐、刘质平、丰子恺等商议集资，于次年在上虞白马湖畔为弘一法师筑“晚晴山房”，并成立晚晴山房护法会，供养大师请经、杂用之需。房中米粮齐备，免除后顾之忧。弘一云游四方时，夏居士为其提供路费、书费、药费、笔墨纸砚等各类经费，凡因弘法活动经费不够而请求施钱物给予帮助之事，夏居士均尽力而为。

夏丏尊供职于上海开明书店，时常求助弘一荐书、编校、参订等诸事。法师以极其严谨的态度，一一照办。由于这些因缘际会，夏丏尊成为法师最信任的人。弘一出家后，其财产大多分为两份，一份为家具等生活用品，多赠给丰子恺；一份为书画和典籍资料，大多赠予了夏丏尊。弘一又常在书信中夹带些书法寄予夏，其中对联、室额、横幅、斗方、大小堂幅形式各样，不一而足。新中国成立后，许多书画机构出高价收购弘一法师书法，但是出于对这位艺术大师的尊重，夏家后人将大部分书作都捐赠给了博物馆。

作为中国现代独树一帜的书法大师，李叔同出家前的最后一幅书法作品，则是写给友人姜丹书母亲的墓志铭。那是在 1917 年，姜母在杭州逝世，丹书求当时同在省立浙江第一师范学校教书的李叔同书写墓志铭。这触动了李叔同对自己亡母的哀思，两人相对欷歔良久。

第二年夏天，就在李叔同准备出家的前一晚，办完了全部俗事，李叔同才点起一对红烛，铺纸濡毫，一丝不苟地写完了《姜母强太夫人墓志铭》。墓志铭一写完，了却了这尘世最后一件心事，他就把毛笔折成了两段。翌晨，他即悄然入山，去了虎跑寺。

当姜丹书和同事好友闻讯赶往学校送行时，已是人去楼空，房中唯见残烛断笔伴随着这篇端端正正地放在书桌上的墓志铭，上面的署款已是“大慈演音书”了（李叔同出家后法名演音）。

李叔同、夏丏尊、丰子恺，就像从高妙的境界里吹到尘世的一股股清风，至今仍然让人心旷神怡，在那些“一钩新月天如水”的午夜，在那些“又得浮生半日闲”的午后，清风中似乎还回响着弘一法师的那句偈子：

君子之交，其淡如水，执像而求，咫尺千里。
问余何适，廓而亡言，华枝春满，天心月圆。

飞鸿举石

“挥手自兹去，萧萧班马鸣。”送君千里，终须一别。“挥手”，写的是分离时的动作，那么内心的感觉如何呢？诗人李白没有直说，只写了“萧萧班马鸣”的动人场景。这一句出自《诗经·车攻》“萧萧马鸣”。班马，离群的马。诗人和友人马上挥手告别，频频致意。那两匹马仿佛懂得主人心情，也不愿脱离同伴，临别时禁不住萧萧长鸣，似有无限深情。马犹如此，人何以堪！

这样的“班马”，让我联想起了悲鸿大师。徐悲鸿善画马，他本人也正是一匹昂首阔步的骏马，而且还是一匹领头马，不仅带领着自己的众多学生一起前进，还经常在途中将那些离群的班马召唤到队伍中来，给予他们在别处无法得到的温暖。

徐悲鸿和齐白石之间的友谊故事就是一个最好的例证。看起来，两个人风马牛不相及，年龄出身、家庭背景方面有很多差异，艺术道路也不相同，徐悲鸿主张和实践的是引入西画的写实手法来改革中国画，齐白石则是从中国画传统内部寻求变革的艺术家。但是徐悲鸿却有着兼收并蓄的教学思想，对齐白石的艺术是相当推崇的，他收藏推介齐白石的作品，把齐白石请上京华美术学校的讲坛，同时对于齐白石的私人生活细节也照顾有加，两人成为艺坛的忘年交。他们是 20 世纪中国美术的两面旗帜，两人的交游对于中国美术的影响也是巨大的。

1928 年，徐悲鸿担任北平大学艺术学院院长，他认为齐白石的艺术具有独创精神，就打算聘齐白石为教授，想用齐白石的艺术来矫正当时的画风流弊。齐白石开始不答应，因为他自忖虽然也教过画，但是都是传统的师徒传授方式，况且自己只上过半年学，更没进过洋学堂，到学院教学他一点自信也没有。其他许多朋友力劝，徐悲鸿再三请求，并

且答应齐白石教画可以不用讲，只做示范即可，并且来去都有马车接送，徐悲鸿亲自作陪，这样齐白石才勉强答应。齐白石到了学校以后其他教员都很尊敬他，还有个外籍教员对齐白石非常钦佩。齐白石教画不喜欢讲，只坐着静静地画，同学们在一旁静观，学生们接受齐白石的这一教学方式，让齐白石大感欣慰。齐白石对于徐悲鸿的推荐十分感激，作诗“草庐三顾不容辞，何况雕虫老画师”以记其事。1929 年徐悲鸿辞职南返，与齐白石不断有书信诗画往还。行前齐白石问徐悲鸿行踪，徐悲鸿说半个月在上海，半个月在南京，齐白石就画《寻旧图》表达思念之情，在画上题诗曰：“一朝不见令人思，重聚陶然未有期。海上风清明月满，杖藜扶梦访徐熙。”相思之情流淌诗间，大有唐时元白之谊的风范。

1932 年徐悲鸿为齐白石编选画册并作序，1935 年徐悲鸿在艺文中学举办了一个小型画展，齐白石抱病前往参观并留言：“余画友最可钦佩者，唯我悲鸿。”1939 年徐悲鸿在桂林写信求齐白石精品，齐白石选珍藏旧作《耄耋图》慷慨相赠。此外，徐悲鸿多次撰文对齐白石的艺术给予极高的评价。1946 年抗战胜利以后徐悲鸿任北平艺术专科学校校长，又聘齐白石为名誉教授。1949 年中央美术学院成立，当时学校有人认为齐白石属于不上课的挂名教授，建议取消其关系，徐悲鸿等校领导认为“现时并无挂名教职员，齐白石、张大千为中国有数之名画家，虽不授课，但可请其来校指导”，因而继续聘齐白石为名誉教授，徐悲鸿每个月都把齐白石的工资亲自送到他手里。每年春节徐悲鸿都早起去给齐白石拜年，齐白石过寿添孙，徐悲鸿都有书画赠送致贺。有一年春节，徐悲鸿夫妇派人为齐白石送上清江鲥鱼与粽子，并嘱咐烹制时“不必去鳞，因鳞内有油，宜清蒸，味道鲜美”，足见二人情谊之深。1951 年，齐白石的看护夏女士因故离去，齐白石央请徐悲鸿夫妇代为寻找，后来徐悲鸿夫妇又帮助他另寻女陪护人员，照顾老人的生活。新中国成立后，齐白石与徐悲鸿都在国家美术机构担任职务，两人共同为新中国美术事业的发展献计献策。

1953年徐悲鸿去世后，徐家人考虑到齐徐交情深厚以及齐白石年事高怕受刺激等原因，因而暂时没有告诉齐白石这个消息。但是原来徐悲鸿在世时每月必亲自为齐白石送去工资，现在就只好改由其他人送了。徐悲鸿的夫人廖静文去看望齐白石，齐白石就问悲鸿为什么没有来，廖静文只好谎称徐悲鸿出国了，就这样维持了一段时间。后来时间长了齐白石就不相信了，约过了一年，齐白石雇了一辆三轮车，由他儿子陪同亲自到徐悲鸿家里看望。到了以后他才发现徐家门口已经挂上了“徐悲鸿纪念馆”的牌子，这时他就明白怎么回事了。齐白石缓缓走进去，因为纪念馆中徐悲鸿的画室、客厅还都保持着原状，齐白石还是坐在原来悲鸿在的时候他坐的沙发上，沉默了好久才问廖静文徐悲鸿的灵位设在哪里。因为齐白石是农村出生的，农户家里死了人都要写个灵位，但是纪念馆没有设，只有一个大照片挂在徐悲鸿原来住的屋子里。齐白石就叫他的儿子搀着他走到这间屋子里，在徐悲鸿的遗像面前深深鞠躬，说：“悲鸿先生我来看你了，我是齐白石。”然后默哀一阵子，含着眼泪离开了。

齐白石对于徐悲鸿的知遇之恩终生不忘，多次对人说：“生我者父母，知我者徐君也。”这句话，仿佛几十年前管仲对鲍叔牙之言的悠悠回响。

铁肩道义

在美国著名教育家杜威的传记中有一张照片，是1919年5月上旬与他的中国学生和史量才等人的合影。1919年4月底，杜威应北大、新学会、尚志学会、中国公学四家联名邀请来中国游历、演讲。他的第一站是上海，由他在哥伦比亚大学所教的三名学生蒋梦麟、陶行知、胡适接待陪同。杜威在上海作了《平民主义的教育》的讲演，其热烈场面极为少见，会后便有了这张留影。

1919年的史量才已经是申报馆馆主，而且在他历经坎坷、励精图治下，建成了堪称当时世界一流的申报馆大楼。一位报界老板何以与文化人及教育家们聚会在一起呢？这从史量才的经历中可以找到明确的答案。

史量才是前清秀才，可他看清了封建科举的穷途末路，毅然抛弃举业，投考新式学堂——杭州蚕学馆。1903年毕业后，他赴沪教学。在教学中他萌生了自己办学的念头，尤其是他在务本女学任教时，发现女子的智慧绝不亚于男子，决心创办女子职业学堂，让女子能通过职业教育自食其力，自拔于黑暗，自立于世间。1904年，上海女子蚕桑学校就这样开办了。他自任校长兼教员，并把他新婚妻子也推上岗位——负责教务工作，这在当时都是开风气之先的。1905年，他与黄炎培等发起成立了江苏省教育总会，共同切磋、交流教学得失。由于清末的腐朽黑暗统治，激起民众革命风暴，史量才也投身波澜壮阔的革命运动，放下了教鞭，参加了变更政治体制的立宪运动、保路运动等，最后他选择了报业。他认为在风雷激荡的时代，唤醒民众的最强有力的工具莫过于报纸，唯有舆论喉舌才能更好施展他报国救国的宏伟抱负。可是，烽火连年的旧中国，有枪就是草头王，来自政府、军阀等方面对舆论的钳制、压迫，使他在茫茫黑夜里很难寻觅到共图大业的知音。

1931 年春，黄炎培把陶行知引领到史量才的府上。十多年不见，两人都为国为民有了许多建树，都经历了种种艰难险阻。久别重逢，一席长谈，沟通了两颗拳拳的爱国心。陶行知对《申报》在危难深重时期应发挥民众耳目喉舌作用寄予厚望，提出了切实可行的建议。史量才对陶行知搞科学下嫁、创办自然学园也倍加赞赏，并当场捐助十万元作科研基金。他们对教育、舆论的作用达成共识：人民贫，非教育莫能富之；人民愚，非教育莫能智之；国家赖舆论救治，社会赖舆论改进，民众赖舆论清醒。他们成了志同道合的知音，史量才聘陶行知为申报顾问，陶行知为《申报》副刊《自由谈》撰写科学普及和揭露谴责反动政府的文章。在重组的新班子领导下，《申报》一改过去社论温吞水、王顾左右而言他，和副刊《自由谈》鸳鸯蝴蝶乱游飞的局面，代之而起的是重磅炮弹般的社论和匕首投枪般的自由谈之风。这使当局如芒在背，恨之入骨。但《申报》改革后的言论切中时弊、入木三分，喊出了水深火热中民众的心声，尤其是在保持中立宗旨下公开为共产党仗义执言，可谓“石破天惊”。陶行知在《自由谈》改革前期就以“不除庭草斋夫”的笔名发表了一百零四篇文章，还以文艺形式连载了《古庙敲钟录》，阐述他对导师杜威的“生活即教育”“社会即学校”“教学做合一”等教育理论的传播、实践和发展。陶行知还在“伍豪事件”中起了积极作用。1932 年 2 月，特务为分化瓦解共产党，制造了《伍豪等 243 人脱党启事》，当时各报未加识别，将这则启事刊登了出去。唯有影响最大的《申报》迟迟未登，直到特务上门责问才于次日刊登声明，暗示读者尚有伍豪否认的声明，接着又刊登了《巴和律师代表周少山紧要启事》，使特务阴谋破产，又避免了周恩来遭暗算的灾祸（伍豪、周少山皆是周恩来化名）。当时史量才认为两百多人的脱党，事关重大，要谨慎对待，陶行知就出了拖延时日的主意。这一拖延，假伍豪就沉不住气，上门来责令了。《申报》将计就计粉碎了一场阴谋。

上海松江泗泾镇上的史量才故居门牌楼上有一副对联：“顺应时代进步潮流，激励人民革命斗志。”陶行知当时因晓庄师范被封、遭通缉，万般无奈潜往日本，不久又潜回祖国，史量才不惧当局，竟然将他“窝藏”在自己家中（《申报》顾问不入报馆花名册，薪水也由史亲自交付他），足可见他俩的爱国心切和高尚友谊。

尽管陶行知在《申报》上的文章用的是化名，但有关人士很快查明它出自何人之手。为了效忠主子，国民党教育部长朱家骅给蒋介石写了一封告密长信，同时还邀约潘公展起草了一份报告，把《申报》上的三篇《剿匪评论》剪下来，一并呈送给蒋介石。他们在信中称："上海报阀史量才利用他的报业权威，勾结上海的一般无聊文人，专做危害党国的工作。例如《申报》的《剿匪评论》、《申报·自由谈》和《申报月刊》登载的陶行知的文章、黄炎培做《申报》设计部部长等，都是不利于党国的。"

陶行知曾是蒋介石通缉的要犯，朱家骅把他供出来，目的是想在火上浇油，更容易激怒蒋介石。果然，蒋介石看罢朱家骅的告密信和潘公展的报告及剪报文章，大发雷霆，拿起笔在信上批了六个字："申报禁止邮递。"

从1932年7月16日起，《申报》全部被上海警备司令部扣在市邮政局的地下室内，一律不准邮往外地。《申报》陷入了一场空前的灾难。

蒋介石封杀《申报》，史量才极为愤慨，他想立即组织文章在报上加以揭露，被宋庆龄、黄炎培、陶行知等人劝住了。众人合议认为，还是先摸清蒋的意图再寻求对策。为申报馆的生存计，史量才忍气吞声，立即派《申报》驻南京办事处采访主任秦哂墨去求蒋介石的行营秘书长杨永泰疏通关系。费了九牛二虎之力，总算求得了蒋介石的一道"圣旨"：

第一，《申报》时评要变态度；第二，陶行知、黄炎培、《申报》总编辑陈彬龢三人离开；第三，国民党派员指导《申报》。

史量才接到这份"圣旨"后，又与宋庆龄、黄炎培、陶行知研究了对策。最后，他不得不接受当局的部分条款：总编辑陈彬龢自愿辞职，可以另派蒋所指定的张蕴和接替。他特地申明，黄炎培是他的老朋友，实际上不到报馆办事，也不负任何设计部的责任，只是由于生计困难，按月送给他一点津贴。希望保持现状。至于陶行知的文章，属投稿行为，今后可以不再续登。史量才唯独拒绝国民党派员指导。由于他接受了主要条款，当局在派员指导这个问题上做了妥协让步。

蒋介石解除禁令，《申报》于8月21日恢复邮递，与此同时，陶行知也在名义上离开了申报馆。

但反动派终究不能容忍史量才的不合作，于 1934 年 11 月 13 日白天在沪杭国道上暗杀了他。黄炎培在《八十年来》一书中回忆说：“有一天，蒋（介石）召史和我去南京，谈话甚洽。临别，史握蒋手慷慨地说：你手握几十万大军，我有申、新两报几十万读者，你我合作还有什么问题！蒋立即变了脸色。此后蒋就叫陈果夫、陈立夫与申报馆多方为难，一度报纸被停邮，逼报馆撤几个人的职务，一是陶行知，另一人就是我。”陶行知也抑制不住心中的悲愤，对朋友们说：“他们想收买申报馆，恐吓史先生不许刊登我们的文章，史先生不理睬他们。他们又千方百计要求加入股份，想变相掠夺，史先生仍不许。他们就采用了流氓绑票手段，对史先生恐吓威胁，结果把他杀了！中国有四万万同胞，难道都能斩尽杀绝?!”

陶行知以教育家闻名于世，而史量才作为民国时期有思想、有魄力、有操守的大出版家，今天知道他的人却并不多。

英伦之约

这是一个东方才子和西方大师的交往故事。

1918年的夏天，才华横溢的徐志摩去美国学习银行学。那年，他二十一岁。那时，他的理想是成为汉密尔顿那样的大政治家，他的生命里还没有诗歌。不过，在美国的学习生涯，徐志摩并不满意。在“迷茫”时期，一个英国哲学家“召唤”了他，此人就是罗素。

“夏日黄昏时穿透海上乌云的金色光芒——冷静、锐利、千变万化。”徐志摩用如此诗意的语言来评价罗素的思想，为此，他不惜放弃了在哥伦比亚大学攻读博士学位的计划，来到了英国，只为“想跟这位20世纪的伏尔泰认真念一点书去”。

但是，现实往往和理想相差很远。1920年秋天，当徐志摩来到英国时，罗素已经不在剑桥大学了。罗素因在战时主张和平被剑桥除名，正周游世界。无奈之下，徐志摩只得暂住伦敦，就读于伦敦政治经济学院。后来他结识了英国作家狄更斯，并在其帮助下获得了剑桥大学国王学院特别生的资格，由此开始了他和剑桥的缘分。

1922年3月，经历了疯狂迷恋林徽因却无疾而终、与妻子离婚的徐志摩，忽然发现“我这辈子就只那一春”。他开始写诗了。他曾满怀深情地这样写道：“……我的眼是康桥教我睁的，我的求知欲是康桥给我拨动的，我的自我意识是康桥给我胚胎的”；他说四五月间剑桥的“春天是荒谬得可爱”；他说：“我在康桥的日子，可真幸福，生怕这辈子再也得不到那样甜蜜的洗礼。”

初出国门的徐志摩，文风颇显中国古典特色，可是在英国留学后，尤其是后来他与英伦著名的文人团体——“布鲁姆斯伯里集团”相识并诸多交往，他的文风突变，自然幽默，明快利落。而“精神导师”

罗素反对压抑天性的思想，更是对他的诗文有很大的影响。

也正是对罗素的追寻，使得徐志摩在英国写出了浪漫的诗，使得徐志摩与剑桥有了浪漫的渊源。徐志摩的朋友满剑桥，在国王学院，他是一位相当有名气的人物。打开剑桥大学的档案，还会看到当年国王学院给他的评语：“持智守礼，放眼世界。”

1925 年 7 月，第二次来到欧洲的徐志摩赴英见到了罗素。此时的罗素，已经是名震天下的大哲学家了，但他对待一个来自遥远东方的青年学子，却表现了少有的热情和浓厚的情谊。

徐志摩到英伦最南端的康华尔去看罗素夫妇，他们住在离潘让市十五千米沿海设无线电台处的一个小村落。

罗素那天开了一辆破汽车到潘让市车站来接徐志摩。他戴着破草帽，穿着烂褂子，领带像稻草飘在胸前。这副乡下人打扮，让徐志摩差点儿认不出他来。不过，从他那敏锐的双眼中，徐志摩还是看出了哲学家的灵性和智慧。

那天是礼拜天，徐志摩坐着罗素这奇慢的车，来到了他的家门口。那边过来一个光着脚丫子，手提着浴布的女人，肤色叫太阳晒得比罗素还紫酱，笑着招呼徐志摩。那正是罗素夫人——勃兰克女士。进门后，他们介绍了自己的一双儿女，大的是男孩，四岁，叫约翰，还有个中国名字叫金铃，小的是女儿，叫恺弟。徐志摩问罗素，他们为什么要到这极南的地方来做隐士。罗素说一来为静心写书，二来（这是更重要的理由）为看顾他们两个小孩子的德育。

徐志摩在罗素家住了两晚，似乎发现了西方文化成功的一个大秘密：身心上保持童真。一想到“皤皤老成，尸居余气；翩翩年少，弱不禁风”的本民族，徐志摩不由得打了个寒噤。

这天，徐志摩和罗素一家全站在草地上。罗素对大孩子说：“来，我们练习。”他抓住了孩子的一双小手，唱着“我们到桑园里去，我们到桑园里去”那首儿歌，然后提空了小孩的身子，并且一高一低地打旋。不满三岁的恺弟就去找她妈妈，她也要像哥哥那样。接下来是骑马，爸爸做马头，妈妈做马尾巴，两个孩子夹在中间做马身子。嗒嗒地跑，嗒嗒地跑，绕着草地跑，一直跑到气喘吁吁才停了下来。有一次兄妹俩抢着骑木马，两人闹了起来。罗素就过去说约翰先来，骑过了就让妹妹骑，恺弟就在一边站着，等着轮到她。但约翰骑过了还不肯让给他妹妹，恺弟委屈得要哭了。罗素夫妇吩咐约翰，他也不听。这次哲学家恼了，一把抱起约翰就往屋子里跑。约翰就哭，徐志摩听见他们上楼去了。但不到五分钟，父子俩就携着手笑吟吟地走了出来，约翰也不闹了。

最使徐志摩印象深刻的是这样一件事。罗素告诉徐志摩他们夫妇到这里时，约翰还不满三岁。有一次，他们到海里去洗澡。约翰是初次见海，非常害怕，让他下水去他就哭。这样一来，哲学家恼了："什么，罗素的儿子可以怕什么的吗？可以见什么觉着胆怯的吗？那不成！"他们夫妻简直是把不满三岁的儿子一把按进了海里去，不论他如何哭闹。来了一回再来，随他哭！过了三五天，不叫他下水去玩他反而不依，一定要去！现在他到海水里玩就好比在平地上走一样，不以为奇。东方做父母的一定不舍得下这样的手。徐志摩通过对比后懂得：勇敢、胆识、无畏的精神，是一切德行的起源、一切品格的基础。在这上面绝不能含糊，怯懦是最要不得的。做父母的必须让孩子勇敢，否则，会害了孩子一辈子。罗素每回说到"勇敢"这个词时，他的声音就变得特别沉着，眼里闪着异样的光彩，仿佛这是他宗教的第一信条、做人的唯一凭证！

1928年，徐志摩第三次赴欧，最后一次见到罗素。他们两人对坐长谈，不知不觉就到了凌晨两点。

这样的夜晚在普通人看来，或许很平凡，但正是这样的夜晚，点亮了中华文化交流史上温暖的篝火。

文人相惜

沈从文给人的印象是一位文弱书生，其实他生于民风剽悍的湘西，又是军人家庭出身，所以骨子里自有一种侠气和热力，这从他对待朋友的态度上，即可看出端倪。

1923年，二十岁的沈从文只身来到北京。他想进大学读书，但没考取，只能到北大旁听。到北京时他身上只剩下七块六毛钱，过着有了上顿没下顿的生活。他拼命写了许多散文、小说、诗歌去投稿，想赚点稿费来度日，但在很长一段时间里，投出的稿子，如同泥牛入海。此时《晨报副刊》主编徐志摩在大量的来稿中发现了沈从文的才华，在1924年12月22日的《晨报副刊》上发表了他的《一封未曾付邮的信》，这是沈从文发表的第一篇作品。接着《晨报副刊》陆续发表沈从文的其他作品。徐志摩还写了《志摩的欣赏》一文，称赞沈从文用“浓得化不开的情怀”描绘了“多美丽多生动的一幅乡村画”。沈从文的投稿，还得到《京报·民间文艺副刊》编辑胡也频的关注，并且胡也频还专程到“窄而霉小斋”访问了沈从文。

徐志摩、胡也频不仅在报刊上发表了沈从文的不少文章，使他有了一定的稿费收入，解了他的燃眉之急；而且通过他们的推荐，沈从文在文艺新人中有了一席之地。后来徐志摩还推荐沈从文到上海中国公学、青岛山东大学任教。沈从文对于这份情义心存感

激，十分珍视。

1925 年胡也频与丁玲相恋，在北京香山居住。那时沈从文也住在香山，他们三人结成莫逆，过从甚密。1928 年沈从文来到上海，在中国公学任教。不久，胡也频、丁玲也来到上海。他们一起合作编辑、出版《红黑》与《人间》杂志，后因资金困难而停办。

1931 年 1 月 17 日中午，胡也频来看沈从文，说他的房东的小儿子死了，让沈从文拟一副挽联，下午到胡也频寓所去写。两人一起出门，那天非常寒冷，沈从文见胡也频身上穿得单薄，便回屋取出自己新做的一件海虎绒棉袍，让胡也频穿上。这天下午，沈从文拟好了挽联，如约到万宜坊胡也频住处，但胡也频却没有回来。晚上再去，仍不见胡的身影。原来分手之后，胡也频去参加中共江苏省委负责人召开的会议，不料被国民党军警发现，江苏省委的同志和胡也频等“左联五烈士”全都被捕了。

胡也频被捕后，在狱中托人带给沈从文一张字条：“我因事到一饭店，被误会，请赶快与胡先生商量，保我出来。”胡先生指胡适。沈从文立即把消息告诉丁玲，并找胡适等商量如何营救，商定由胡适、徐志摩写信找蔡元培要求放人。沈从文奔波于上海、南京两地，找蔡元培、邵力子、陈立夫等人设法营救胡也频。谁知一切努力均告无效。2 月 7 日，胡也频、柔石、殷夫等五位“左联”作家和其他十八位共产党员被秘密杀害于上海龙华。这时丁玲的处境也十分危险，她决定将孩子送回湖南。沈从文不仅为她筹集路费，还一路护送丁玲母子到湖南常德。为了此事，沈从文误了武汉大学的聘期，只能留在上海以写作度日。同年 10 月，他写了长文《记胡也频》，深情怀念这位患难朋友。

1931 年秋，经胡适、徐志摩推荐，沈从文又应聘去杨振声为校长的青岛山东大学任教。然而不到两个月，他就得到了一个噩耗——1931 年 11 月 19 日，徐志摩因飞机失事，不幸罹难。

沈从文闻讯后悲恸欲绝，难以言表。从他与徐志摩交往的整个过程看，尤其初期的大力提携，使得沈从文对徐志摩产生了深厚的情谊。由此我们也就不难理解，当时在青岛大学任教的闻一多、梁实秋、赵太侔、孙大雨、陈梦家等，均为徐志摩的同人，有几位堪称挚友，却只有沈从文一人搭夜车去了济南，送徐志摩最后一程。沈从文只买得一张三等车厢票，整整一夜无眠。

徐志摩去世，“给沈从文的打击是相当沉重的”（梁实秋语）。之后的不长时间，在纷繁的情绪中，沈从文写出一首诗，来纪念徐志摩：“多少人从你有活气的生活里，/贫血的脸儿皆不免泛一点微红……活下来你是一堆火，/到什么地方就在什么地方焚烧。”这是说徐志摩的热情与活力。不久他再起一首诗的头……可惜，这两首诗都没有最终完成，生前也就没有发表出来。一直到三年之后，沈从文才写下并发表了第一篇纪念徐志摩的文字《三年前的十一月二十二日》（之前他给胡适等人写过多封信，报告徐的后事情况，促使为徐志摩出版著作，搞纪念活动等等）。文章在叙述了徐志摩逝世情况后，对徐志摩的精神，给予了高度评价：

我以为志摩智慧方面美丽放光处，死去了是不能再得的，固然十分可惜。但如他那种潇洒与宽容，不拘迂，不俗气，不小气，不势利，以及对于普遍人生万汇百物的热情，人格方面美丽放光处，他既然有许多朋友爱他崇敬他，这些人一定会把他那种美丽人格移植到本人行为上来。

……

纪念志摩的唯一的方法，应当扩大我们个人的人格，对世界多一分宽容，多一分爱。也就因为这点感觉，志摩死去了三年，我没有写过一句伤悼他的话。志摩人虽死去了，他的做人稀有的精神，应分能够长远活在他的朋友中间，起着良好的影响，我深深相信是必然的。

1935年12月，距离徐志摩逝世已经四年了。沈从文在自己主持的《大公报·文艺副刊》上，组织了一期《徐志摩纪念特刊》。在“附记”里，沈从文写道：“死者的诗歌与散文，兼有秀倩与华丽，文字惊人眩目，在现代中国文学上可以称为一朵珍异无比的奇花。”“死者那种心胸廓然，不置意于琐琐人事得失，而极忠实于工作与人生的态度，以及那种对人对事的高贵热情，仿佛一把火，接触处就光辉煜然，照耀处便显出一分生气的热情……”

对徐志摩的感念，一直持续到了沈从文的晚年。“文革”结束后，沈从文回归文坛，一次在接受采访时，沈从文还专门谈到徐志摩的对人“纯厚处”对自己好的影响：“到我作《大公报·文艺副刊》编辑时，对陌生作者的态度，即充分反映出他对我的好影响。工作上要求自己严，对别人要求却较宽。”

从为文到为人，如此分量的评价文字，沈从文似乎还未在其他人身上用过。我们可以领会，他的这些有分量的话，是发自肺腑的，也相当精准。文人之间，形成这么深厚情感的并不多，沈从文与徐志摩，几乎可作为一个典范。

外向如徐君，内敛如沈君，原来都有着同样的温度和风度。

陋室之暖

华罗庚和闻一多，一位是数学家，一位是诗人、学者，似乎不搭界。然而在抗战时期，闻、华二人同在西南联大当教授，同住一个屋檐下，彼此结下了深厚的情谊。

抗战前，年轻的华罗庚因数学家、名教授熊庆来的推荐，得以在清华大学工作和学习，由此认识了在清华执教的闻一多。他读过闻一多把黑暗的中国比作“一沟绝望的死水”（《死水》）的诗，读过诗人“谁稀罕你这墙内尺方的和平！我的世界还有更辽阔的边境”（《静夜》）的名句，这些诗句都曾在华罗庚的心头产生过强烈的共鸣。华罗庚是那样敬佩闻一多，用他自己的话说就是“不过那时我只是无数仰慕先生风采的青年中的一个”。但要谈及二人的“亲密接触”，还要说在西南联大工作时期。

1937 年七七事变发生后，北平、天津相继陷落。北大、清华和南开内迁，三所大学于 1938 年 4 月 4 日在昆明组成“西南联合大学”。两人随学校的搬迁来到昆明。为了躲避日军飞机的轰炸，闻一多举家移居到昆明北郊的陈家营，华罗庚则全家搬到离城较近的黄土坡。不久，华罗庚租住的房屋遭空袭被毁，无家可归。闻一多听说后，主动邀请华罗庚与他家同住。这样，闻家八口人和华家六口人就同挤一室了。闻一多家的住房并不宽敞，两家当中只好用一块布帘隔开，就这样开始了

两家人都终生难忘的隔帘而居的生活。

在如此简陋的环境中，闻一多埋头搞“槃瓠”（泛指他当时从事的古代神话传说的再建工作。“槃瓠”本身属于古代神话中关于人类产生的传说），华罗庚则潜心钻研数学。他俩不顾条件的简陋、生活的动荡，一心扑在学问上，最终都取得了丰硕的研究成果——闻一多写成了《伏羲考》，华罗庚也完成了《堆垒素数论》。后来，华罗庚特地写了一首七言小诗《挂布》，真实记录了他们两家那段日子的生活：

挂布分屋共容膝，
岂止两家共坎坷。
布东考古布西算，
专业不同心同仇。

这首小诗明白如话、幽默风趣，是两家苦中作乐的真实写照，真挚的情谊、豁达超然的人生态度跃然纸上。诗中也反映了中国人民所遭遇的苦难，表达了坚定的抗日决心。

闻一多虽然是名教授，但他同所有国难当头的普通人一样生活窘迫，拿的薪水让一家八口人糊口都不够。于是他先在中学里兼课，后来又不得不利用课余时间在昆明街头挂牌治印，补贴家用。但他不以金钱至上，不趋附权贵，真正做到了“贫贱不能移”。对一些附庸风雅的官僚送来象牙请他治印，他都一一回绝；而对朋友却是无比热情、无比义气。他曾主动为华罗庚刻了一枚印章，除了正文“华罗庚印”四个字外，还在边款上用刀轻浅取势、生动流畅地刻下了言简意深的“说明”：

甲申（1944 年）岁晏，为罗庚兄制印兼为之铭曰：

顽石一方，一多所凿，
奉贻教授，领薪立约，
不算寒伧，也不阔绰。

陋于牙章，雅于木戳，
若在战前，不值两角。

这则铭文记载了这一段印章缘，意味深长，使数学家久久难以忘怀。后来华罗庚在纪念文章《知识分子的光辉榜样——纪念闻一多烈士八十诞辰》里回忆道："一多先生治印是为了生计，可是却精工镌刻了图章送给我，这是他的完美的艺术的纪念物，也是他对朋友的真挚情意的宝贵凭证。在几十年迁徙辗转的生涯中，我一直珍藏着它，每当我取出它，就想到一多先生，它上面所凝聚的患难之交的革命情谊成为鞭策自己不断进步的动力。"

经过浴血奋战，中国人民终于迎来了抗战的胜利，然而人民所盼望的和平并未如期到来。1946 年 6 月，蒋介石彻底撕毁政协决议，疯狂策划反人民的大内战。走出书斋的闻一多，在民主运动的洪流中不断成长，从一个单纯的诗人、学者成为一名英勇无畏的民主斗士。当时华罗庚应邀正准备去苏联访问，他关切地对闻一多说："一多兄，情况这么紧张，大家都走了，你要小心才是！""形势越紧张，我越应该把责任担当起来。'民不畏死，奈何以死惧之'，难道我们还不如古时候的文人？"闻一多从容不迫地回答道。后来华罗庚从苏联回国作了一场访苏报告，受到闻一多的称赞："你对苏联情况介绍得很详细，很好，这对当前民主运动的发展也很有好处。"华罗庚万万没有想到，这次交谈竟成了他和闻一多的诀别。

1946 年 7 月 15 日，在悼念民主人士李公朴的大会上，闻一多拍案而起，当场怒斥捣乱的国民党特务，发表了义正词严的即兴演讲（即著名的《最后一次讲演》），当天下午就惨遭暗杀，年仅四十七岁。当时，华罗庚离开昆明不久，正在由南京到上海的火车上，当从报纸上得知这一噩耗后，他悲痛欲绝，挥泪写下了《哭一多》："乌云低垂泊清波，红烛光芒射斗牛。宁沪道上闻噩耗，魔掌竟敢杀一多！"诗中"红烛"（闻一多的诗集名），一语双关，既是对闻一多作为诗人的高度评价，更有对烈士精神的深情讴歌。这首爱憎分明的小诗，情感浓烈至极，当时的人们读后都为他们彼此之间至深的情谊所感动。

三十多年后的 1979 年，华罗庚在《知识分子的光辉榜样——纪念闻一多烈士八十诞辰》一文中充满深情地说："作为一多先生的晚辈和朋友，我始终感到汗颜愧疚，在最黑暗的时刻，我没有像他挺身而出，用生命换取光明！但是，现在我又感到宽慰，可以用我的余生，来完成一多先生和无数前辈未竟之事业。”

华罗庚与闻一多的交往经历了血与火的洗礼，他们的友谊是数与诗的交融，是情与义的结合。他们为年轻学人树立了永久的榜样，是留给后人的一份永远的精神财富。

名士风仪

在中国现代史上，陈寅恪和吴宓是两座傲岸挺立的连峰。

天南地北的两先生，在青年时代邂逅于海外以后，从此便在人生的道路上惺惺相惜，扶助前行。当坎坷的人生岁月到来的时候，更在精神上声气相求，濡沫以共，留下了许多感人的故事。

吴宓和陈寅恪在 1917 年和 1918 年先后到美国哈佛大学留学。吴学的是新文学和西洋文学，而陈学的是梵文和巴利文。1919 年的一天，在一次清华学生聚会时两人相识，一见如故，从此经常结伴在查理士河畔散步畅谈各种学问。吴宓比陈寅恪年长五岁，是老大哥，可是陈寅恪给他的印象却是“学问渊博，识力精到，远非侪辈所能及”，是“全中国最博学的人”，因此，他将陈寅恪视为好友，也尊为老师。陈寅恪以宽广的阅历和渊博的学问，开阔了吴宓的东西方文化眼界。如今人们常说吴宓是中国比较文学研究的“先驱”，其实，这也是受到了深谙中西文化的陈寅恪的充分影响。

1921 年吴宓回国后，于 1925 年担任清华大学国学研究院主任，便积极谋划援引陈寅恪入院执教，并为之奔走不息。于是，这位游学欧美十八年的“老留学生”（吴宓说他与西行取经的玄奘一般），终于在吴宓的热切召唤下回国服务。尽管当陈寅恪于 1926 年 7 月 8 日正式踏入清华园时，吴宓已经辞去了院主任职务，但他在诗中依然表现出好友得所、清华得才的双重欣喜：

经年瀛海盼音尘，握手犹思异国春。
独步羡君成绝学，低头愧我逐庸人。
冲天逸鹤依云表，堕溷残英怨水滨。

灿灿池荷开正好，名园合与寄吟身。

陈寅恪进入清华后，吴宓对他照顾得无微不至，除了经常聚在一起畅谈和对诗外，对陈寅恪的起居也很关心，帮助他处理杂务，似乎完全忘了自己名教授的身份。尽管为此他耽误了很多读书和处理自己事情的时间，可是他始终毫无怨言。

吴宓与陈寅恪在清华期间还双双卷入了一场改换校长风波。1927年7月18日，陈寅恪、吴宓等教授联合发表宣言，反对清华校长违背校章、妨碍全校发展的决定。同年11月10日，在教授大会上，陈寅恪当面要求校长曹云祥辞职（曹云祥深恐梁启超代之为校长，搞了些阴谋活动）。陈寅恪和吴宓一向有着名士做派，很少涉足行政俗务，然而在1927年的这两次风潮中两人却颇为积极，且配合十分默契。究其本意，全在于维持和营造一个较为理想的学术氛围，而这是中国知识分子最为看重的。

抗战爆发后，清华南迁。吴宓和陈寅恪相继离开北平，不久又相聚在云南蒙自。他们分散居住在不同的地方，但只要有时间就聚在一起聊天，畅谈国事，忧患未来，也为中断了的国学研究而惋惜。

1939年初春，陈寅恪准备赴英讲学时，吴宓在昆明海棠春饭店为陈寅恪饯行。吴宓当即给陈寅恪赠诗，以表达他依依难舍的心情。后因欧战爆发，陈寅恪在香港滞留几个月，吴宓很担心陈寅恪在港的处境，多次写信询问。昆明西南联大组建后，吴宓和陈寅恪先后来到联大，他们又相聚了。分别了几年，吴宓觉得陈寅恪的视力变得很差，十分为他担心。在陈寅恪住院治疗期间，吴宓每天都去医院看望他，陪伴他。吴宓为陈寅恪介绍国内外政治形势，为他读报纸，还为他记录诗稿。事无巨细，他都心甘情愿地为这位小老弟忙前忙后。

1945年抗战胜利后，陈寅恪重新获得了赴牛津讲学并治疗眼病的机会。吴宓为他办理了出国签证手续，买好了机票，还特意请西南联大赴英讲学的邵循正教授一路上多加关照。陈寅恪走后，吴宓还时时牵挂，经常在夜深人静之际，为老友默默祈祷，祝福他早日康复。但遗憾的是，陈寅恪的眼病在伦敦并没有治好。后来在清华大学于北平复校后，他回到清华继续任教。而此时的吴宓则到了四川大学担任英文系主任。

新中国成立后，陈寅恪任中山大学教授，吴宓在重庆西南师院任教授，两人天各一方。陈寅恪因患眼疾，接近于失明，加上日渐年迈，虽有全国政协常委的身份，但除了给学生授课，已不大和外界接触。其间，党内一些文化方面或有文化情结的领导人，如陈毅、胡乔木、周扬、郭沫若等到广州时，曾去陈家拜访。无论郭沫若、胡乔木还是周扬，都把和陈寅恪的会面，视为一种幸事。康生则没有他们这样的幸运，虽也曾“驾临”中山大学，却吃了陈家的闭门羹。而就在陈寅恪过着几近与世隔绝的日子之时，1961年夏天，吴宓来了。

吴宓与陈寅恪此前已阔别十余年。1961年7月30日，吴宓自重庆给陈寅恪写了一封长信，除了述说近况之外，还提出“来粤晋谒”。陈寅恪收到信后，立即于8月4日由夫人代笔复信，告知到广州所应注意的事项，包括怎样选择到中山大学的路线、车资几何、饮食住宿等等，甚为详尽，据说这是自1949年后，陈寅恪来往信函中字数最多的一封，可见他对这次老友来访的重视和期盼。

8月30日夜，吴宓乘火车抵达广州，陈寅恪派两个女儿等亲属去接站，吴宓在当天的日记中写道：“乘中山大学之汽车，过珠海桥，行久久（似甚远），方到中山大学；即入校，直抵东南区一号（洋楼）楼上陈宅。寅恪兄犹坐待宓来（此时已过夜半，12时矣）

相见。”

吴宓住在中山大学招待所。他是专程“来粤晋谒”陈寅恪的，因而在广州逗留的五天，每天都去陈宅探访，有时不止一趟。他们叙旧、吟诗、论学，陈寅恪向吴宓介绍了自己的生活状况，吴宓在日记中说：“寅恪兄自处与发言亦极审慎，即不谈政治，不论时事，不臧否人物，不接见任何外国客人，尤以病盲，得免一切周旋，安居自守，乐其所乐，不降志，不辱身，堪诚为人所难及！”短短数日，陈寅恪夫妇分别多次题诗相赠，陈诗中有“五羊重见九回肠”之句，足见吴宓的这次到访，大大缓解了他的寂寞。

当年正值困难时期，吴宓在广州的几天，得到了陈寅恪夫妇细心且隆重的款待。陈寅恪夫妇除了以中山大学的名义正式宴请之外，还多次在家招待，或送食品到招待所。吴宓日记频有陈家“送来炖鸡一碗，加红薯与卤鸡蛋一枚”，陈寅恪夫妇设家宴、“鸡鱼等肴馔甚丰”，“在陈宅晚餐，肴馔丰美”等记载。临别，陈寅恪夫人又将自种的花生“剥而炒之，强宓带去一包”。

9月3日，是吴宓在广州的最后一天，陈寅恪写了四首七言绝句，总题为《赠吴雨僧》，其中两句为：“暮年一晤非容易，应作生离死别看。”正如陈寅恪所料，这是两位结交五十年的挚友的最后一面，此诗终成谶语。

1966年，“文化大革命”爆发，吴宓与陈寅恪均遭受残酷迫害。1968年吴宓被打成“现行反革命分子”，积累了半个世纪的日记文稿全部被抄走。1971年6月，吴宓的右眼长了白内障，因为没能得到及时治疗，忽然瞎了。他从自己一目失明想到陈寅恪双目失明，从自己的痛不欲生，想到陈寅恪的生死不明。9月8日，他违背不能随便跟人通信的训示，冒着极大风险，径直给中山大学革委会写信询问。全信如下：

广州国立中山大学革命委员会赐鉴：

在国内及国际久负盛名之学者陈寅恪教授，年事已高（1890年光绪十六年庚寅出生），且身体素弱，多病，又目已久盲。不知现今是否康健生存，抑已身故（逝世）？其夫人唐稚莹女士，现居何处？此间宓及陈寅恪先生之朋友、学生多人，对陈先生十分关怀、系念，极欲知其确切消息，并欲与其夫人唐稚莹女士通信，详询一切。故特上此函，敬求贵校（一）复函示知陈寅恪教授之现况、实情。（二）将此函交付陈夫人唐稚莹女士手收，请其复函与宓。不胜盼感。附言：宓1894年出生，在美国哈佛大学与陈寅恪先生同学，又在国内清华及西南联合大学与陈先生同任教授多年。1961年宓曾亲到广州贵校，访候陈先生及夫人（时住居岭南大学旧校舍内）。自1950年以来，宓为重庆市西南师范学院教授（1958年以后，在中文系）。但自1965年起，已不授课。现随学校迁来梁平新建校舍。复函请写寄“四川省万县专区，梁平县，屏锦镇，七一房邮局，交：西南师范学院中文系教师，吴宓先生收启”。

即致

敬礼

1971年9月8日吴宓上

学者周一良感叹道：“吴先生身陷‘专政’囹圄，甘冒自己受更大迫害的危险，写信到中山大学询问陈先生生死存亡的行动也是感人肺腑的。”“这封信可以说是二十世纪中国旧知识分子……朋友之情的典型写照。”

在那样的岁月里，革委会当然不会理睬一个“现行反革命分子”对一个“资产阶级反动学术权威”的探询。直到12月9日，吴宓才接到陈寅恪女儿的来信，方才得知陈寅恪夫妇已于1969年10月7日和11月21日相继去世。吴宓当天写了长篇日记，以代替悼文，曰：“宓自伤身世，闻寅恪兄嫂1969年逝世消息，异恒悲痛。”

晚年吴宓常以背诵陈氏诗文来寄托对好友的无尽哀思。1973年6月3日《雨僧日记》：“夜一时，醒一次。近晓4：40再醒。适梦陈寅恪兄诵其新诗句‘隆春乍见三只雁’，莫解其意。”1978年1月17日凌晨3时，吴宓永远地闭上了那双原本就近乎失明的眼睛，享年八十五岁。

吴宓与陈寅恪之交往长达半个世纪而历久弥坚，这在现代学人中是不多见的。其实两人性格志向多有差异。吴宓躁急多虑而热心公益，所言所行更偏向于中国传统士大夫的入世精神，注重做人以“立德”；陈寅恪则沉潜坚毅而志在自修，身上表现出西方知识分子所特有的个人本位主义色彩，视自己的学术事业如生命，侧重于著书以“立言”。然而在维护中国传统文化所谋之“道”方面，两人却又是殊途同归的。正如吴宓论亭林、梅村之语：“二人者，其志同，其情同，其迹亦似不同而实同……”

如今，我们追忆这两位现代名士的友谊，更感念他们在危难中的风仪。

戏剧双璧

梅兰芳是国宝级的京剧大师，更是让整个世界为之倾倒的“东方佳人”，而查理·卓别林是名震全球的美国影坛滑稽大师，深受中国人的喜爱。两大名伶在20世纪三四十年代的交往，已经成为艺术史上的佳话。

1930年初，梅兰芳率领剧团到美国六大城市进行访问演出，首次把中国京剧推向国际戏剧舞台。5月的一天，梅兰芳一行抵达电影名城洛杉矶，当晚应剧场经理之邀来到一家夜总会，出席了由市长、企业家、导演、明星、著名艺术家等组成的六十二人赞助委员会举办的盛大欢迎酒会。宾主刚刚入座，一位神采奕奕的中年人迎面走来，他穿着工作服，连领带也没有系，和那些身着正统礼服的与会者相比显得格外特别。梅兰芳觉得似曾相识，正思量着在哪儿见过此人时，剧场经理站起来向他介绍说：“这位是卓别林先生。”卓别林紧紧握着梅兰芳的手，热情洋溢地说：“早就听说过你的名字，今日可算幸会。啊！你原来这么年轻就享有大名声，真称得上世界第一个可羡慕的人哪！”当年梅兰芳三十六岁，卓别林四十一岁。

那时，卓别林正在紧张地拍摄影片《城市之光》，当得悉洛杉矶专门为梅兰芳举行欢迎酒会后，他赶紧抽出时间前往参加，并为自己没来得及回家换衣服而向梅兰芳连连道歉。令人意想不到的是，这次酒会竟然成了梅兰芳和卓别林的私人聚会。他们一边品着美酒，一边畅谈戏剧。梅兰芳说，他从卓别林的无声电影里学习到了如何依靠手势动作和面部表情，来细腻地表现人物的内心活动和剧情内容。卓别林盛赞中国古典戏剧不仅给美国人带来了极大的艺术享受，而且给美国电影界提供了弥足珍贵的艺术参考价值。他还向梅兰芳介绍自己早年也是舞台剧演员，后来才拍电影，并详细询问了京剧中丑角演员的表演技术。梅兰芳对卓别林说，中国京戏里的丑角是很重要的，艺术含量也很高，自己的前辈中就有一位造诣很深的丑角名家萧长华先生，可惜这次他带来的节目中这类角色不多，仅《打渔杀家》中有一点，希望卓别林以后有机会访问中国，到时一定能够欣赏到中国京剧界许多丑角的精彩表演。

几天后，梅兰芳应邀到卓别林和范朋克等合办的联艺公司，以及米高梅、20 世纪福克斯等拍摄现场参观，再次和卓别林探讨了舞台表演艺术与电影艺术之间的相互关系。卓别林热情相待，详细地向梅兰芳介绍了好莱坞电影的制作情况，最后两人亲切合影，为世人留下了一帧十分珍贵的照片——梅兰芳身穿蓝缎团花长袍、黑缎马褂，卓别林身着笔挺西装，两人面含微笑，双手紧紧相握……当时，梅兰芳与卓别林都正值壮年，各自在艺术创作和表演道路上独树一帜，他们彼此仰慕，互相勉励，结下了深厚的友谊。临别时，梅兰芳与卓别林约定，如来中国，一定到梅家做客。

1936 年，卓别林携带新婚妻子宝莲·高黛等一行四人到亚洲蜜月旅行。3 月初，梅兰芳接到卓别林发来的电报："来华旅游，过沪时极愿一晤。"一别六年，卓别林果然如约前来，梅兰芳十分高兴。3 月 9 日下午 1 时 30 分，卓别林乘坐的"柯立芝总统号"船抵达上海。下午 5 时 30 分，卓别林在梅兰芳和电影明星胡蝶等 100 多位上海文艺界人士的陪同下，出席了国际艺剧社在国际饭店举行的招待宴会。

老朋友重逢，分外高兴。卓别林不无感慨地说："记得六年前我们在洛杉矶见面时，大家的头发都是黑色的。你看，现在我的头发大半都已经斑白了，而你呢，却还找不出一根白发，这真是太不公平了！"说完，卓别林哈哈大笑。梅兰芳却从卓别林幽默、夸张的话语中感受到了他颇不顺达的坎坷境遇，便安慰道："你比我辛苦，每一部电影都是自编、自导、自演、自己亲手制作，太费脑筋了。我希望你保重身体。”

宴会上，梅兰芳关切地问卓别林喜欢看什么，卓别林兴致勃勃地提出想要看中国的国粹——京剧。梅兰芳回答说，很不巧，自己当晚没有演出，但可以带他去观赏著名京剧演员马连良的表演，卓别林欣然接受了这一建议。

晚上 6 点半，卓别林在下榻的华懋饭店接受记者采访后，在梅兰芳的陪同下先去“大世界”了解上海市民阶层看戏、娱乐的真实状况，然后到隔壁的“共舞台”观看了上海当时十分流行的京剧连台本戏《火烧红莲寺》。此时，《火烧红莲寺》已经开演，正演到其中最精彩的一场“十四变”，戏中有文有武、有唱有做，卓别林看了连连鼓掌，尤其是对变幻无穷的舞台背景和两人热闹的武戏斗剑一场，表现出浓厚的兴趣，赞誉其为“东方仅有艺术”。

从“共舞台”出来后，梅兰芳又马不停蹄地带卓别林来到新光大戏院观看马连良、小翠花、叶盛兰、刘连荣等上演的全本《双娇奇缘》。卓别林进场时，正赶上《法门寺》中表现生、旦、净、丑各展所长的“行路”一场。梅兰芳告诉卓别林，中国人看戏曲，极少鼓掌，而是喝彩，因此看到精彩处，卓别林也跟随着观众一起，时时忍不住地叫“好”。而看戏前，梅兰芳已向卓别林讲解了全剧的情节、每个角色的各自性格及其表演特点，尤其是着重介绍了其中的丑角贾桂。那天，演贾桂的名丑马富禄以清脆嘹亮的嗓音、滑稽夸张的表情，将一个奴颜婢膝、阿谀谄媚的太监刻画得细致入微，引起了卓别林的极大兴趣。他表示，自己非常喜欢这一舞台形象，认为马富禄演活了人物的性格，非常成功。卓别林又仔细询问了京剧中不同的曲调板式所表现出的各种情绪，梅兰芳一一作了介绍。卓别林说：“中西音乐歌唱，虽然各有风格，但我始终相信，把各种情绪表现出来的那种力量却是一样的。”

3 月 10 日上午 9 时，卓别林一行带着对上海美好而又深刻的印象，返回“柯立芝总统号”，兼程香港，继续他的蜜月旅行。卓别林在上海只停留了短短一天多时间，梅兰芳几乎全程相陪。也仅仅是这一天多时间，中国永远留在了卓别林的记忆中。1946 年，卓别林还记忆犹新地向中国电影演员黎莉莉介绍起十年前到上海看京剧，在舞台上与马连良一起跟观众见面的情形。此后，梅兰芳与卓别林虽然没有机会再见面，但两人一直彼此牵挂，相互关心，相互支持。

1941 年春，《大独裁者》将到香港上映，“皇后”“娱乐”“利舞台”三家影院竞相争夺首映权。由于三年前梅兰芳曾在“利舞台”演出过，该影院经理就径直去找正寓居香港的梅兰芳想办法。梅兰芳答应致电卓别林代为征询。卓别林迅速复电表示同意，《大独裁者》的首映权终于破例被中国人办的“利舞台”影院所获得，一时在香港引起极大的轰动。

在香港生活期间，梅兰芳经常看卓别林的电影以打发难挨的日子，他对卓别林敢于在影片中无情讽刺、鞭挞法西斯的胆识极为赞赏，一部《大独裁者》他先后看了六次，仍意犹未尽。他甚至逢友便问：“你看过《大独裁者》没有？快去看看！”

梅兰芳在表演之余喜欢收藏火柴盒。他的藏品中有这样一只火柴盒：画面上是卓别林扮演的大独裁者希特勒在玩弄地球仪，里面的火柴都制成炸弹形状，磷面正好连到希特勒的屁股，给人看了有一种“玩火者必自焚”的联想，整个设计幽默而又寓意深刻。这一由卓别林亲自设计的火柴盒，是“利舞台”作为《大独裁者》的首映广告而赠送给梅兰芳的。梅兰芳因此对这只火柴盒特别珍爱。

第二次世界大战后，由于卓别林在美国从事进步文化活动，受到迫害，不得不离开美国。梅兰芳对卓别林所遭受的不公平境遇愤愤不平，他深切怀念远在异国的朋友，时时打听他的消息……1954 年 7 月，周恩来总理在出席日内瓦会议期间宴请卓别林，卓别林深情地说：“我在 1936 年到过中国，到过上海，看过梅兰芳先生的京剧，令我钦佩！还看过马连良先生的戏，真是好极了！”梅兰芳闻讯后非常高兴，他焦急地盼望着与卓别林第三次见面的时刻早日到来。直到 50 年代末，梅兰芳还对一位海外归来的朋友说：“我尤其盼望卓别林先生再到中国来，看看我们的建设，顺便也看一看我新编的《穆桂英挂帅》。”

令人遗憾的是，梅兰芳不幸于 1961 年溘然长逝，两位艺术家一直没有机会再续前缘。

一面千年

每当想起张大千和毕加索的见面，我的眼前都会跳出极重友谊的杜甫的诗句："花径不曾缘客扫，蓬门今始为君开。"多么期待，又多么畅快的情怀！

毕加索的一生极富传奇和浪漫色彩，且不论其艺术上天马行空、让人难以企及的高度和成就，单就个人生活而言，其个性我行我素、举止怪诞不经，让人难以靠近。

从1946年以后，毕加索长期定居在法国南部尼斯港的"加尼福里亚"别墅，该别墅占地约百亩，既有古代宫殿式的繁复豪华，又有一应俱全的现代化设施。住在如此神秘奢华城堡里的毕加索，更让人感到望尘莫及了。

但1956年7月29日的中午11点30分，这幢别墅的大门为张大千敞开了。

传说中在家里从不穿上衣的毕加索破例穿了件条纹衬衫，还穿上了很正式的长裤和皮鞋。

别墅里果然布置考究，但当张大千一行进入毕加索的大画室时，里面却显得凌乱不堪，地上四处堆放着未完成的画稿、雕塑以及半成品的陶器等。毕加索请张大千夫妇和赵翻译坐下后，便立刻捧出五大本画册，请张大千观看。每本画册里大概有三十张画。

张大千好奇地翻阅着，吃惊地发现原来里面的画都是临摹的中国画，多为花卉虫鸟之类，所模仿的画家是齐白石，并且笔法非常稚嫩，一看便知是初学者的画作。

毕加索饶有兴趣地问张大千："张先生看这些画画得怎么样？"

张大千马上猜到这些画一定是毕加索画的。果然还没等张大千回答，毕加索便接着说："这些画都是我画的，我最近对中国画画法很感兴趣，正在学习，请您指教一下。"

张大千思忖了一下，然后说："我们中国画不求形似但重写意，毕加索先生还是很得中国画的神韵啊。"

以张大千一贯谦和的待人之道，当然得先对毕加索画中国画的认真态度加以充分肯定，然后才能去挑毛病和点评。虽然这么短的时间里只能零星地介绍一些中国画技法知识，但毕加索却听得频频点头，求知若渴的态度很让张大千感慨。一个堂堂的西方画坛领军人物已七十五岁高龄还这么虚心学习，这种对中国艺术的仰望和研习精神是多么难能可贵啊！

待张大千把画册全部看完，也讲解完毕，毕加索垂下眼帘认真思考了一会儿，突然抬起头盯住张大千的眼睛，认真地说："我最不懂的，就是你们中国人，何以要跑到巴黎来学习艺术！"

张大千一惊，以为自己听错了，连忙示意赵翻译。此时赵翻译表情颇有自豪之感，他又接着翻译毕加索的话："不要说法国巴黎没有艺术，整个西方，白种人都没有艺术！"

张大千不禁怔住了，但开心的笑容却情不自禁地浮在了脸上，他连忙说："毕加索先生太客气了，我们中国画自然是源远流长，因为我们中国是个历史太古老的民族，但西方也盛产出非常多和非常优秀的艺术！"

毕加索却使劲地摇摇头，很诚恳地强调说："真的！这个世界上谈到艺术，首先是你们中国人有艺术；其次是日本的艺术，当然，日本的艺术又是源自你们中国；第三是非洲的黑种人有艺术，除此之外，白种人根本无艺术。所以我最莫名其妙的事，就是何以有那么多的中国人、东方人要到巴黎来学艺术？”

毕加索坦诚的一番见解让张大千既惊喜又强烈地被震动了。

秘书小姐过来催促大家去吃下午茶，这才打断了两位大师的学术探讨。此时下午的阳光显得宁静而和煦，毕加索的表情也从刚才的严肃和刻板中缓和下来，举手投足间轻松自然，甚至露出孩童般的顽皮来。

黄昏悄悄临近，毕加索陪张大千夫妇在花园中散步，在温馨的气氛包围下，一切感受似都在无言之中。

突然毕加索从地上揪下几朵玫瑰花向张大千夫人徐雯波身上抛去，那些花瓣飘飞，有几片竟沾在了张大千长长的胡子上。三人见状又不禁大笑了起来。

分别时，毕加索拿出几本新画的画册，要送给张大千夫妇几张留做纪念。毕加索向来不太送画于人，对张大千可谓重视有加。

夫妇俩认真地翻阅着，当翻到一张满脸胡子的人脸肖像时，徐雯波不由好奇地脱口而出：“这画的是什么？好像是个鬼脸壳子嘛！”毕加索看徐雯波对此画很有兴趣，以为她很喜欢，便将这张画抽出来，说：“这张画画的是西班牙牧神。夫人看画得好不好？”徐雯波当然只能说好。于是毕加索便特意在旁边题上“送张大千”的英文签名，将此画送给了张大千。题名也是毕加索的破例。

张大千当然也得赠画给毕加索，想了想，他觉得还是画最具中国画特色的竹子，因为下午谈话时毕加索特意请教张大千，中国画的竹子怎么画，并且说只有中国画才能画得出竹子的那种神韵来。

于是张大千挥笔画了一张颇有特色的双竹图，在这幅双竹图中，张大千充分显示了中国画下笔后墨分五色、互见层次的用笔功夫。只见右边的竹子用浓墨凸现，竹叶向上伸展，姿态昂扬，而左边的竹子却用淡墨衬映，竹叶向下，姿态温柔。双竹之间姿态各异，浓淡层次分明，很好地表现出了中国画的神韵。

画完双竹图后，张大千也郑重题名："毕加索老法家一笑，丙申之夏，张大千爰。"他还附带送给毕加索几支优良的中国毛笔。

临别时已是夕阳西下，神秘奢华的古堡别墅门口，毕加索的身影却显得有些孤独和苍老。两位大师相互凝视了一会儿，却都不约而同地选择了沉默，然后挥手告别。

这是两位艺术大师唯一的一次见面，却照亮了彼此的艺术道路，更照亮了20世纪的艺术星空。

这短暂的一面，不仅锁定了两位艺术大师的友谊，更把东西方两大各自有着数千年历史的艺术传统联系在一起，既是对话，又是相互致敬，真是"千言万语在一躬"了。

其实在张大千和毕加索之前，两位东西方幽默大师也有过"短暂的一面"。那是1933年2月16日，西方的幽默大师萧伯纳抵达上海，东方的幽默大师林语堂到黄浦江码头迎候。翌日在宋庆龄公馆餐叙，午后到花园，连月阴雨的上海天空，清淡的阳光穿出云层照射着萧翁的白发苍髯，有一种庄严的美丽。"萧先生，您福气真大，一到上海就见到太阳!""不，这是太阳的幸运，可以在上海见到我萧伯纳!"顺便说一句，林语堂在与"国际友人"的交往过程中，其实是吃过亏的，例如他相交多年、十分信任的赛珍珠，竟然将本应属于他的稿费的一部分据为己有。可见，交往时间的长短与交往质

量无关。

再往前数，两位东方诗歌巨匠同样有“短暂的一面”：1924 年 5 月 8 日，泰戈尔在北京欢度六十四岁华诞。梁启超、胡适、徐志摩等为他祝寿。最佳的生日礼物，就是梁启超为他取的中国名字——竺震旦：“竺”代表印度（古称天竺），“震旦”代表中国（古称震旦，支那的译音），又契合泰戈尔原文“日出”之意。梁启超希望这个名字永远嵌在他心灵上，希望印度人和中国人的旧爱，借竺震旦这个人复活起来。

有的人不必深交，只需彼此间的惊鸿一瞥，刹那交会时发出的光亮，就可照亮彼此。

科苑佳话

居里夫人是世界上第一位荣获诺贝尔奖的女科学家，也是第一位两度荣获诺贝尔奖的科学家。1898 年 7 月和 12 月，皮埃尔·居里夫妇在法国国家科学院相继宣布钋和镭的发现。居里夫妇由此被全世界称为“镭元素之父母”。

值得一提的是，居里这个家族简直就是为科学而生的，皮埃尔·居里的弟弟雅克·居里也是一位物理学家，曾和其兄一起并肩挑战实验难关。皮埃尔·居里夫妇的女儿女婿约里奥·居里夫妇，同样是一对杰出的科学家伉俪，并且也曾获得诺贝尔奖。

如此说来，20 世纪 20 年代的中国学子严济慈是十分幸运的，因为他和整个居里家族都有着交集，不仅有学业上的受助，还有事业上的合作，更有精神上的共鸣。他是约里奥·居里夫妇的挚友，还完成了皮埃尔与雅克·居里兄弟未完成的遗愿，而且在他创建中国第一个镭学研究所的时候，居里夫人曾给予帮助。

1924 年，严济慈在巴黎大学就读时，正值巴黎大学在举行隆重集会纪念镭元素发现 25 周年。严济慈得知居里夫人在理学院任教极其兴奋，也曾去听过她的课。不过严济慈主要选修了夏尔·法布里教授的课，居里夫人对这位勤奋的中国留学生有深刻印象是在1925年秋，因为中国青年竟有胆略去测定居里兄弟都未攻克的难题，她为丈夫后继有人感到高兴。

那时法布里教授为严济慈的博士研究论文确定了一个很有意义的选题——石英在电场下的形变。这是个既艰难又富于创造性的科研题目，严济慈接受了这个考验。

1925年秋，严济慈叩开居里夫人实验室的大门，向她商借皮埃尔·居里生前用过的石英晶体片，受到热情的接待。这位世界头号女科学家立刻找出皮埃尔当年进行石英压电效应试验的晶体片借给他，又带严济慈来到她的小花园里。在绿草坪边的长椅上，居里夫人详细地向严济慈介绍了当年皮埃尔与雅克实验的过程，并点明其中的关键。幸亏有这位前辈的指引，严济慈才少走了许多弯路，终于揭开了石英压电效应反现象的奥秘。

1929年严济慈第二次赴巴黎，请求到居里夫人实验室做有关干涉现象的测量时，居里夫人十分热情，把新买的显微镜光度计交给他安装，并让他第一个使用。

1930年12月，严济慈准备回国，居里夫人殷切地问严济慈：能不能在中国创建镭学所？严济慈听到这个建议当然喜出望外，立刻答应了。他向北平研究院院长李石曾提出创建镭学所的建议，李石曾也正有此意，严济慈立刻进行筹备。1931年严济慈回到中国，即任国立北平研究院物理所所长。

1934年7月4日，居里夫人与世长辞。X射线使居里夫人晚年患了严重的白血病。临终前一个半月的那天下午3点半钟，居里夫人还在实验室工作。直到实在支持不住，她才低声对同事说：“我在发烧，要回家去了。”她回去后就永远没能回来。闻此噩耗，严济慈悲痛至极。在7月20日《大公报》刊载的《悼居里夫人》一文中，他沉痛地写道："居里夫妇一世光荣……其功存宇内，将与日月共垂不朽。今兹殂谢，固不仅法国失一物理学家已也。”他认为居里夫人逝世，对全世界是一重大损失。他号召中国青年："从此埋头苦干，致力科学，以拯救我危如累卵的古国，而解放苦若倒悬的人类欤！”

居里夫人逝世不久，严济慈与约里奥·居里同被选为法国物理学会理事，又与约里奥·居里夫妇过从甚密。严济慈曾多次推荐青年助手到约里奥·居里实验室学习，小居里夫妇都非常高兴地接受。推荐去的有1936年的钟盛标、1937年的钱三强、1947年的杨承宗等。其中钱三强是严济慈亲自带到居里实验室向伊琳娜·居里当面推荐的。这些中国科学家在居里实验室都表现得非常出色，如钱三强就被小居里夫妇赞为他们“领导下工作的同一代科学家中最优秀的一员”。

1950年10月，严济慈作为中国代表团的一员，出席在波兰华沙召开的第二届保卫世界和平大会。大会主席就是约里奥·居里，会场设在华沙总统府。开会期间，约里奥·居里特意从主席座位绕到严济慈的座位后，为严济慈与波兰领导人作了介绍，并请严济慈去他的住所畅谈。

1951年秋，杨承宗学成回国。临行时，约里奥·居里诚恳地告诉他："回国请转告毛泽东主席，你们保卫和平，必须反对原子弹，而如要反对原子弹，必先自己有原子弹。制原子弹并非如此困难，原子能的原理不是美国人发明的。”中国科学界永远记得：中国第一个镭学研究所的建立，其中有居里夫人的支持和帮助，当然也永远不会忘记我国的科学泰斗严济慈，不会忘记他们之间跨越国界的友谊。

甘为人梯

爱因斯坦在居里夫人去世后，曾说过一段极著名的话："当这样一个伟大的人在她最后生活终了的时候，我们不要只记得她对人类工作上的成果。比起她纯学识上的成功，她在道德上、人格上的崇高品格对将来、对历史的作用更为重要。她的力量，她的愿望的单纯，她的对科学客观的认识，她的坚韧不拔，这些优秀品格每一件都难能可贵，而集中在一个人身上更是非常非常难得的。一旦她认定了一条路是正确的，她就坚决地走，决不改变。"

1997 年 2 月 16 日，杰出的物理学家、有"当代居里夫人"之称的吴健雄与世长辞。噩耗传来，另一位华裔美国物理学家李政道悲痛不已，在悼念文章中，他引用了爱因斯坦的这段话，并且说道："我认为，我们悼念吴健雄，把爱因斯坦称赞居里夫人的话，用在她身上，是再恰当不过的了。"

李政道为何对吴健雄有如此高的评价呢？这一大半是出于一位物理学家的公心，还有一小半则是出于一位相交半个世纪的挚友的私谊。

吴健雄 1912 年 5 月 31 日出生在江苏苏州市太仓的浏河。1930 年她从苏州中学毕业后，在父亲吴中毅的鼓励下到胡适正在讲学的上海"中国公学"学习，选了胡适的文学课。

胡适不久之后就发现班上有一位同学非常出色，每次提问都答得好，习题做得好，大考得 100 分。所以在开校务会议时，他就向其他教授说：我班上有一个从来没有碰到过的好学生。会上有位教社会学的马教授也说：我的班上也有位非常杰出的学生，社会学也考了 100 分。教历史的杨教授也说：你们的学生不是唯一的好学生，我的班上也有个历史学考 100 分的好学生。这时，大家都很惊奇，怎么一下出了这么多全优生。大家一对，原来他们的好学生名字都是吴健雄。

虽然吴健雄的文学、社会学、历史学都是 100 分，可她自己喜欢的是科学，后来在美国留学时还选择了很少有女生涉足的实验物理学，并且很快成为这一领域的顶尖人物。

李政道和吴健雄结识于 1948 年，由于两个人都有着对于科学的高度敬业精神和坦荡高洁的人格气质，所以很快就成为志同道合的朋友。1956 年前后，李政道的脑海里萌发了关于“宇称不守恒”的最初设想，但他和合作伙伴杨振宁都长于理论，在实验方面存在着“短板”，于是他前去向吴健雄讨教。在后来的悼念文章中，李政道这样回忆道：

1956 年早春的一天，我去健雄的实验室，向她介绍了高能物理中 K 介子的“τ－θ 之谜”，同时也讲了一下可能是因为宇称不守恒。假如宇称不守恒，β 衰变中一定也可以做出结果来。怎么去检验？那天我们讨论了很多方案。用 Co－60 是健雄提出来的。她认为，作为一个实验物理学家，去完成这样一个从未有人试过的困难实验是一个“黄金的机会”和挑战。为此，她退掉了早已买好的去日内瓦和远东的船票。这时是 1956 年，她已经 20 年没有回中国了。可是健雄觉得必须做这个实验，便放弃了回国的机会。

这一年圣诞节前夜，我在半夜收到健雄打来的电话，说她的实验结果宇称不守恒的参数很大。我说这好极了。这同我和杨振宁的“二分量”理论完全吻合。我问她“你在哪儿打电话?”她说是在火车站。我心里一愣，便对她说这危险极了，因为纽约的火车站半夜里是非常不安全的。那时在下大雪，飞机不通，她立刻改坐火车。火车一到，她还不到家，就给我打了电话，因为她觉得这结果非常重要，这精神是令人敬佩的。

1957 年 1 月 15 日下午，哥伦比亚大学物理系召开了新闻发布会，宣布了一个基本物理定律被惊人地推翻了。这新闻立即引起轰动，传遍全世界。人类对物理世界结构看法的突然解放势不可当。

下面这首诗相当好地代表了健雄的实验精神："没有人能告诉我，没有人知道，风从何处来风吹何处去。假如我放开，我风筝的绳子，必将随风飘去，一昼和一夜。当我再找着它，无论在哪里，我就会知道．风也已经到过那个地方，然后我就可以告诉别人，风去了那里。可是风从何处来，还是无人知。"

这是实验的精神。假如是理论学家的话，当然他就要猜风从哪儿来了。而实验的话，只要跟着它走。知道风到哪儿去；你要知道风从哪儿来，就要做另外一个实验。

现在看来，吴健雄所做的实验和她以第一作者身份发表的《β 衰变中宇称守恒的实验检验》一文，第一个在实验上否定了宇称守恒定律，同时也否定了粒子—反粒子对称的假设。对称和守恒是物理学的基础，但这基础中两个很重要的定理和假设都被吴健雄的实验推翻了。这是一个划时代的实验。按理说，她完全有资格与李政道、杨振宁分享 1957 年度的诺贝尔物理学奖。但是，这一年 10 月，瑞典皇家科学院宣布了诺贝尔物理学奖获奖名单，吴健雄并没有和李政道、杨振宁一起榜上有名。消息一出，业界一片哗然。

虽然甘为人梯的吴健雄自己并不在意，但李政道为此很是不平，主动给诺贝尔奖委员会写信说明，后来还多次推荐吴健雄参评诺奖，却都没有成功。

更让李政道深感不满的是，哥伦比亚大学竟然不同意授予吴健雄正教授职称。一向温文尔雅的李政道愤怒了。在大学教务会上，他提出，吴健雄是世界著名科学家，光是她的宇称不守恒方面的研究就足够当正教授。可是与会者居然都反对。

李政道针锋相对，说："好，反对就反对，但请每一个人都说出反对的道理。"没有人站出来公开说明反对理由，李政道便拍案而起，发怒道："反对却没有理由，真是岂有此理。大家说不出道理，那就不能散会，今天谁也别想离开！"会议从下午 2 点，一直开到 5 点多钟。最后，李政道说："那就采取不记名投票来表决吧。"结果又出乎所料，没有一个人反对，大家全部投了赞成票。

事后，有同事劝李政道以后不要这样做，为别人的事不值得冲冠一怒，自毁形象。李政道反驳道："没有她甘当人梯、辛勤无私的付出，'不对称定律'也许现在还只是个设想。中国人讲知恩图报，我不能忘恩负义。面对不公正待遇，吴教授不愿争，我也不给她争，谁争？不平则鸣，于公于私，我当仁不让！"

虽然在大洋彼岸，虽然从事的是与中国传统文化相当隔膜的高端科学，但李政道和吴健雄的身上，都保留着一个中国式知识分子的可贵风骨。

这，也正是中国信义文化的永恒魅力。